SHODENSHA
SHINSHO

清之

イと日本刀

——日本人の知恵と独創の歴史

祥伝社新書

本書は、昭和四十九年に小社ノン・ブック版で、昭和六十年に小社ノン・ポシェット版で刊行されたものを新書化したものです。

まえがき

日本人とは何か、ということは、いろいろの角度から検討しなければならないし、またそれができるはずなのである。

私らはあまり目まぐるしく移り変わる今の世で、ついそれを忘れたり、なおざりにしている傾向がある。そして、日本人特有の自虐肯定の習慣があって、つい欠点を指摘されると、反省の材料としてではなく、それみたことかと悦《よろこ》ぶ気持ちがある。このときには、肝心の自分だけはその例外だと勝手に決めていて、自分以外の日本人への批判だと思っている。そして、反対に褒《ほ》められたときには、自分を含めて得意になる。

こんな身勝手な矛盾が通用するかぎり、日本人は永遠に、ほんとうの自分を知らないままで不幸になっていくよりほかにない。

そうかと思うと、明治以来の欧米に対する劣等感から、非欧米的な形をとるものは、なんでも価値低きもの、したがって、日本特有とか、日本の伝統とかいうものは、すべて前近代的で低価値のものと錯覚する傾向もある。

価値観の比較に、風土、体系、歴史、世界観など一切を無視して欧米レートでものを観《み》るのは、およそ非科学的であることはいうまでもない。とくに、日本と欧米とは、自然対応の姿勢も、事実認識の方法も、その表現の様式も異なっていることを忘れがちである。

いわゆる近代科学というものは欧米の生んだものである。その分析公式化の様式をとらないからといって、日本のいわゆる科学性が低い、と決めてかかることは、基本的に誤《あやま》っている。

こんなことがかねて気がかりであった私は、私なりの観方《みかた》で、日本人とその文化の価値観を見直してみたいと努《つと》めてきた。

ただ、身辺が常に繁忙で、これを自分の手で原稿にまとめられないで今日まできたが、今回もまた、随想的に思いつくままに話したのを細川人勢《ほそかわひとせ》氏に整理していただいて出来たのが本書である。

一片のノートも参考書も手許《てもと》になく話しているので、あるいは誤りもあるかもしれないが、ご教示を願いたい。

まえがき

樋口《ひぐち》清之《きよゆき》

目次

2章　驚くべき〝自然順応〟の知恵　85

――それは、日本人の鋭い観察力がもたらした

3章 日本人は〝独創性〟に富んでいる 151

――外来文化の〝モノ真似《まね》上手〟は、皮相な見方

4章　住みよい〝人間関係〟を作った日本人　199

——日本こそ〝女尊男卑〟の国だった

1章　日本には古来、すごい〝科学〟があった

——意識せずに、合理的な生活をしてきた日本人

関東の防風林は、なぜケヤキなのか？

日本の自然の美しさは、世界的に定評がある。海あり、山あり、河あり、それらは春夏秋冬という明確な四季によって、いつも異なった表情を見せ、とどまることがない。確かに自然の変化に富んだ美しい国である。

けれども、人間がここに住むとなると、この自然の変化を、美しいとばかりはいっていられない。まず、生活するために、この多彩な変化のひとつひとつに、適応していかなければならないからだ。

たとえば、ひとつの住居で、乾燥した冷たい風が吹く冬に、気温も湿度も高い夏に、あるいは台風や地震にも対応しながら快適に生活するには、どのような建物を造ればいいいか。

このテーマだけでも、さまざまな知恵を必要とする。今日では、こうした自然条件に対して、天然の資源を膨大《ぼうだい》に消費する、いわゆる西洋文明が生んだ科学技術によって対応している。

だが、こうした自然条件というものは、西洋文明が入ってくる以前の私たちの祖先にとっても、まったく同じであって、彼らもまた、それに対応して生きて来なければならなかった。しかも、それに対応するために使える材料は、四方を海に囲まれたこの島の中にしかなかったから、条件はさらに厳しいものだった。

こうした条件の中で、私たち祖先が、生きていくための知恵の原点としたのは、まず〝自然の力は征服できない〟ということだった。

自然の力には勝てないが、それでも生きていかなければならない。そこで、彼らがどうしたかというと、自然というものをよく観察して、それにうまく順応していく方法を探すことであった。

私は旅行が好きで、全国をよく歩きまわる。青年時代は汽車の窓の外でつぎつぎに移り変わっていく風景をよく楽しんだが、はじめて、関東以北を旅したときのことである。同じ農村風景なのに、私が育った奈良地方の風景とはどこか微妙に違っていることに気付いた。

よく観察してみると、それはどうやら家の周囲を囲んでいる防風林のせいらしい。防風林に関西地方とは違う樹木を使っている。それが風景そのものを違って見せているらしいと気付いた。

防風林は文字どおり、風当たりを防ぐためのものである。私の育った関西地方では、防風林には常緑樹や竹を使っているところが多い。

ところが、関東以北になるとケヤキが多いのだ。ケヤキは落葉高樹である。夏には葉が生《お》い繁るが、冬はすっかり落葉して裸になる。風を防ぐためなら、年中、葉が繁っている常緑樹を使ったほうがいいではないかと私はそのとき思った。なぜ、落葉高樹であるケヤキを使うのか。それが、関東地方を旅行したときの最初の疑問であった。

しかし、私が東京に住むようになってその理由がわかった。風を防ぐ必要があるのは、大体において、夏の台風シーズンである。ケヤキは夏には細かい葉がびっしり繁るから、その役割は十分果たす。問題は冬だ。

関東以北の冬は長い。冬に必要なのは風を防ぐことよりも〝日照〟である。常緑樹だと、冬も葉が繁っていて、風ばかりか光も十分に通さない。ケヤキはこの時期には枝だけを残して、葉を落とすから、日光をさえぎらない。

南のほうは冬の日射しも強いから常緑樹でもいいが、関東から北は、夏、風を防ぐとともに冬は日射しが欲しい。

それが、防風林に落葉高樹であるケヤキを使った理由である。

私たちの祖先の見事な自然への順応の知恵である。

水圧を見事に殺す釜無《かまなし》川の信玄堤《しんげんづつみ》

今日、世界中に影響を及ぼしている西洋の科学の原点は〝自然を征服できる〟と考えたところから発想しているといっていいだろう。私たちは、そういう西洋の発想に馴《な》れてしまっているから、私たちの祖先の〝人力は自然の力に及ばない〟という原点から出発したさまざまな発想や遺産を非科学的だと片付けることが多い。

だが、ケヤキの知恵は非科学的だろうか？　私たちの祖先は、それを科学という名前で呼ばなかっただけで、実は、高度な科学性を持った知恵で、さまざまに変化する自然に対応して生きてきているのである。

日本人が、最大の知恵をしぼったものに〝築堤《ちくてい》〟という土木工事がある。

日本は雨の多い国で、大水が出ると必ず川が氾濫《はんらん》する。川の氾濫を防ぐことは稲作を主産業とした日本人にとって、もっとも大切な生存条件であった。また、日本列島はアジア・モンスーン地帯にあるために台風が来る。高潮《たかしお》を防ぎ、港を守る防波堤が必要である。

そういう川と海に対する戦いという条件から、日本では築堤技術がひじょうに発達する。

堤《つつみ》を築くということは、いかにも泥《どろ》を盛っていけばできるように見える。西洋の堤防はまんじゅうの皮を張るように、堤の中心に対して上から泥をかけていく。日本の堤防は布団《ふとん》を積み重《かさ》ねるように、一段ずつ叩いて積み重ねていく。実は、そうするほうが堤防は決壊しにくいのである。

積み重ねていく石や土壌もまた、同じ質のものでは意味がない。粘土層《ねんど》のものとか三和土《たたき》（粘土、砂利《じゃり》、にがりの混和土）とか、あるいは質の異なる平たい石などを交互に叩いて積んでいく。日本では築堤のことを〝土手をつく〟という。この〝つく〟というのは、ドカン、ドカンと突くことからきている。それに〝き〟がついて〝きづく〟――築くになる。土を重ねて固めていくのが、堤を築くということである。固めるのは水の漏《も》れを防ぐためである。

これが日本の土木工法の基礎で、それをもっとも精巧に利用したのが、武田信玄《たけだしんげん》の〝信玄堤〟である。信玄堤は、釜無《かまなし》川という甲府《こうふ》盆地を流れている川が、たえず氾濫するので、それを防ぐために築かれたものである。しかも、この川の氾濫は鉄砲水によることが多く、おそろしく水圧が高い。まず、これに対応しなければならない。

そこで、鉄砲水の水圧を殺すために甲府の竜王《りゅうおう》という所で、この川の流れを大きな自然の岸壁にぶつけて、水流のエネルギーを削《そ》いでから南に流すことにした。これでまず水流のエネルギーによる、堤防の決壊を防いだ。つぎは水かさの高まりによる氾濫だ。氾濫はいつ起こるか予測がつかない。そこで堤防を築くとき、これを一挙に阻止しようと考えないで、氾濫を予想して堤防を築くのである。雁木堤《がんぎつつみ》という突堤を川中に出すほかに、水流のエネルギーが、集中しそうな堤防を強化するのとはまったく逆に、右左の堤防を切ってしまう。そして、わざと水が流れ出すようにして、その外側に第二堤防を築き、遊水をそこへ流す。つまり、水流のエネルギーを利用して、分水してしまうわけだ。

こうして、流路をいくつかに分け、水流エネルギーを殺しながらいちばん最後には、それを集めて、富士川《ふじ》に流してしまう。

要するに、計りしれない自然のエネルギーに逆《さか》らわず、それを分散させることによって、エネルギーを殺していくという、ひじょうに精巧な氾濫防止法を用いたのが、この信玄堤なのである。

“征服”でなく“順応”するのが日本人の知恵

神奈川県鎌倉《かまくら》市の材木座《ざいもくざ》と由比《ゆい》ヶ浜《がはま》の橋のあるところに、七百年前に造られた防波堤がある。

防波堤といえば、私たちはすぐにコンクリートの巨大な壁を思い浮かべる。これは西洋の防波堤の発想で、波の力、つまり自然のエネルギーを計測し、その力よりも強い壁を築くことで、防波堤からは一歩も波を入れないというものだ。これは文字どおり、自然を征服できる、という発想から生まれた知恵だろう。

ところが、日本古代の防波堤は、こうした巨大な壁とはまったくイメージが違う。まず、私たちの祖先は、波の力、自然エネルギーについては計測できないほど巨大な力と考えるから、それを打ち負かせる壁などというものを発想しない。

日本人の先祖は、平たい石の板や、ごろた石を海中に積み重ねることから始める。波のエネルギーは、壁にドンと当たってはねかえるのではなくて、エネルギーのほぼ七〇パーセントが平たい石と石の間に分散され、吸収される仕組みになっている。こうした平たい石の積み重ねを、海岸から沖合に向かって、およそ、八間（約一四メートル）の幅に構築してあるのである。

したがって、今は満潮時にはこの防波堤は、海中に没して見ることができないが、平たい石と石の間に徐々にエネルギーを吸収させて、それが八間におよぶと、海岸近くでは相当、強い波が来ても、ゆったりと静かな流れに変わってしまっている。彼らはそこにはじめて石のクイを立てて船をつなぎとめたのである。

これは執権北条泰時《しっけんほうじょうやすとき》のとき往阿弥《おうあみ》という僧を中心として造られたもので、〝和賀江《わかえ》ノ堤《つつみ》〟と呼ばれている。これらの古代の堤は、今日のそれのように、海岸の美しい自然の風景をそこなうことなく、防波という目的を果たしているのだ。

波のエネルギーを、一挙にはねかえす壁を造るには、エネルギーの総体を計測する必要がある。だが、エネルギーを徐々に消耗させていくには、さらに水エネルギーの伝達の仕方というものをよく観察して、はじめてできることである。日本人は非科学的だとよくいわれるが、私は逆に、ひじょうに科学的だからこそ、和賀江ノ堤や信玄堤を発想できたと思うのである。

三十三間堂《さんじゅうさんげんどう》を七百年保《たも》たせた〝波に浮かぶ筏《いかだ》〟の構造とは？

京都市東山区《ひがしやまく》にある三十三間堂。後鳥羽《ごとば》上皇が、一二六五年に再建した、一千一体の観音像を安置するお堂である。

このお堂は東に面し、見事な直線で設計され、その長さは一二八メートルもある。そして、この直線は現在でも、いささかも狂っていない。台風や地震などの多くの異変に、七百年を超える歳月を耐えてきたのである。

どうして、そのような高度な技術が可能だったのだろうか。

ここに、日本人の独特な自然観がある。それは、信玄堤でも述べた〝自然には逆《さか》らわない〟という考え方である。

現代の建築技術は、まず地盤を固めてから建てる。ところが、三十三間堂はまったく違う。わざわざ地盤を不安定にするのである。不安定というより〝動くように〟といったほうがよいかもしれない。

動かないように固めてしまうと、何百年という長い歳月の間には必ず陥没《かんぼつ》が起こったりする。

そこで、三十三間堂は、地面を粘土や砂利など弾力性のある土壌で固める。もし地震があった場合には、地面は直接に波動を伝える。だが、地震の波というのは、水の波と同じで土の粒子の上下、左右の回転運動によって伝わるものである。したがって土壌に弾力性を持たせておけば、地震エネルギーが放散されたあとは、土の粒子が元の静止した場所に返る。ということは、地盤が地震以前の状態に復元するということである。

この地盤に、水に浮きを並べるように柱をのせる礎石《そせき》を、それぞれ独立して固定し、柱は地面近くでゆるく横木《よこぎ》と連結させ、エネルギーを分散させながら上部で固定させる。いうならば、波に浮かぶ筏《いかだ》のようなものである。波が静まれば平面に静止する。三十三間堂は、このような構造に造られているから、今日でも、あの真っすぐな回廊がそのまま残っているのである。驚くべき科学的精密さと言ってよいだろう。

日本人の土木工法の原点が、水田耕作によって育てられたものであることは、2章でくわしく述べるが、日本人は、水田の水面を見て暮らしたおかげで、水平・垂直というものに対する観察が鋭く発達していた。

玉川《たまがわ》上水——驚くべき漏水止《ろうすいど》めの知恵

つい最近まで、東京都民に水を供給していた玉川上水は、全長が四三キロある。この長い道のりを、取り入れ口である西多摩郡羽村《はむら》町（現・羽村市）から新宿区四谷大《よつやおお》木戸《きど》まで、高低差一〇〇メートルで同じ流速で水を流していた。

玉川上水は、江戸町民の飲料用水、および武蔵野《むさしの》の新田開発を目的として、徳川四代将軍家綱《いえつな》の時代に完成した。上水を開くことを命ぜられたのは、武蔵の農民庄右衛《しょうえ》門《もん》、清右衛門《せいえもん》の兄弟である。工事は一六五三年四月に着工され、同年十一月、四谷大木戸まで掘削《くつさく》、五四年六月に完成した。その間、府中《ふちゅう》と福生《ふっさ》で失敗したが、川越《かわごえ》城主松平伊豆守信綱《いずのかみのぶつな》の家臣安松金右衛門《やすまつきんえもん》の援助を受け、第三回目に成功した。

羽村の堰《せき》を切ったその日、水は四三キロ下流の四谷大木戸まで、一日で流れ着いたという。そしてそれ以後三百年間、淀橋《よどばし》浄水場の完成まで、上水の水は、多摩六千町《ちょう》歩《ぶ》の水田をうるおし、江戸・東京の百万市民に飲料水を供給しつづけたのである。

この驚くべき測量技術は、何によってもたらされたのだろうか。私はそこに、日本人のすぐれた自然観察眼を見る。玉川上水の精巧をきわめた測量技術は、古代からの稲作農耕によってもたらされた、水平面に対する知恵の結実である。

四三キロに及ぶ運河を開発した、そのことだけでも十分に注目に値《あたい》するが、同時に、その日のうちに流れ着いた、ということも考えてみたい。当時、コンクリートなどあるはずがない。彼らは土に浸《し》み込んでゆく水をどう止めたのだろうか。どういった漏水止めをしたのであろうか。

三和土《たたき》という土がある。これは、粘土、砂利、塩のにがり（塩化マグネシウム）を混和したもので、凝固《ぎようこ》して漆喰《しつくい》状になる。この三和土が、コンクリートで固めたのと同じ役割を果たしたのである。ついでながら、玉川上水の支流に野火止《のびどめ》用水があるが、この用水は玉川上水より短いにもかかわらず、下流まで流れるのに三年もかかっている。三和土で漏水止めをしなかったために、水捌《みずは》けのよい関東ローム層が水を吸い取り、土が飽和点に達するまで、水を流さなかったのである。

こうした土木工事の決定版とも言うべきものが箱根《はこね》用水である。

箱根山芦《あし》ノ湖《こ》の水を引いて、駿河《するが》国（静岡県）駿東《すんとう》郡深良《ふから》村（現・裾野《すその》市）などの数千町歩をうるおそうとした大灌漑《かんがい》用水が、一六七〇年に完成した箱根用水である。

箱根山西側外輪山《がいりんざん》湖尻峠《こじりとうげ》の山上と山下の両方から掘りすすみ、全長三キロのトンネルを、峠のほぼ真下の地点で見事にピッタリと合わせたのである。

今日でもトンネル工事は、両方から掘りすすむと接点が狂うことがあるというから、その技術の高さは想像を絶する。

この箱根用水の豊かな水量は、現在でも灌漑や発電などに利用されている。

彼らが、この精巧な測量に用いた道具は、ソロバンと曲尺《かねざし》、それと水を入れた四角な箱と糸だけだったのである。箱の水で水平面を知り、仰角《ぎょうかく》を知るために糸を張り、曲尺とソロバンで測量計算をしていくのである。

一千分の一しか狂いのない伊能忠敬《いのうただたか》の日本地図

こうした測量技術の粋《すい》が、伊能忠敬《いのうただたか》(一七四五〜一八一八)が作成した「大日本沿《だいにっぽんえん》海輿地全図《かいよちぜんず》」に結実する。

彼は測量のより精密を期するために、北極星を目標にして三角測量をした。西洋の場合は、三角測量には磁石《じしゃく》を使ったが、伊能忠敬は、磁石を使うと鹿児島と青森では同じ北でも北の方角が異なる、いわゆる磁差による誤差が起こることを知っていた。それは、下関から大坂までの瀬戸内《せとうち》の航海の長い経験によって得た、日本人の知恵をもとにしたものだ。

そこで、動かない恒星《こうせい》である北極星を使うことを考え出したのだが、小さな三角測量をやっていくと、誤差が大きくなることも彼は知っていて、人夫に山の上まで糸を持って行かせて測量したというエピソードがある。その結果、出来た日本地図の緯度のいちばん大きな誤差点でも、南北について千分の一しかない。

彼が数人の人夫と海岸を歩き、夜、北極星を見すえながら作った地図と現在の建設省（現・国土交通省）の地図がほとんど同じだというのだから、彼がどんなに秀《すぐ》れた技師だったか想像できよう。

結局、これは測量の基礎にある数学が一農民だった玉川庄右衛門から伊能忠敬にいたるまで、よく出来たからともいえる。日本の数学の発達は、西洋のそれより劣っていたかのごとくにいわれるが、それはソロバンという、計算の過程が残らず、結果だけ残る用具を使ったためで、本来はひじょうに発達していたに違いないと、私は思うのである。

地震があっても城の石垣が崩れない秘密

その数学の発達を、そのまま表わしているのが建築に表現されている〝抛物線《ほうぶつ》〟の知恵である。屋根の抛物曲線がやがて、城壁のそれに応用されて、日本の城の美しい石垣になるが、彼らはそれを曲尺《かねざし》とソロバンと算木《さんぎ》（和算に使う長方形の木片）だけで割り出した。

城の石垣のくずれを防ぐには、石垣にかかる力を直線的に下方にだけかけるのではなく、少しずつ、石垣の内部に分解していくほうがくずれにくい。それには抛物線を使えばいいことを、屋根瓦《がわら》を積んだ経験から知っていた。

しかもその抛物線はすべてが同じ曲線ではない。伊賀《いが》の上野《うえの》城のように、防備のために高い石垣を築いてある城壁は、上部の一〇メートルぐらいはほとんど直線にして、下部に深い曲線をとってある。一般の低い石垣は、全体がゆるい抛物線になっている。そうして、上部の重量を石垣の内側に分解しながら、下のほうへ全部吸収してしまうのである。

しかも、いちばん下の土台は動かないように固定するのでなく、三十三間堂のところで述べたように、粘土を敷き込んだ上に、根石《ねいし》をならべ弾力性を持たせてある。石垣全体が揺れても、柔らかい土台にエネルギーが吸収されてくずれないためだ。

この場合、もっとも大切なのは両方向から力がかかる隅《すみ》である。これは戦いをする場合でも、隅を守っていれば城壁の側面の敵を両端から攻撃できるという、戦術上の要請もあって、隅がくずれないように知恵をしぼった。

そこで、その隅は算木積《さんぎづ》みといって、長方形の石を両面から交互に指が入らないほど緻密《ちみつ》に組みあげていく方法をとる。

そして、その上に櫓《やぐら》を乗せるから、なお重くなって押さえる。日本の城が隅々に櫓をつけるのは、物見のためだけではなく、そこに重量をかけるためなのだ。こうして隅をしっかり押さえてあると、エネルギーは両側の壁面に分散されていく。中央の壁面は、このエネルギーを吸い込んで、分解していくように粗《あら》積みにしてあるから、地震があっても、城郭は容易に崩壊しないのである。

けれども、隅の櫓や天守を取ってしまうと、すぐ壊《こわ》れてしまう。小田原城は関東大震災のとき、天守閣がなかったから、天守台はバラバラになってしまった。江戸城の伏見櫓《ふしみやぐら》は、櫓が乗っているから壊れなかった。

このことは、日本の測量計算がそこまで進んでいたということである。

一般の木造建造物は、この力学的な力の分散法として、木材に針葉樹を使った。針葉樹は横には収縮するが、縦《たて》に対する収縮があまりない。西洋では広葉樹《こうようじゅ》――闊葉樹《かつようじゅ》ともいうが――の栗《くり》、樫《かし》、楢《なら》を使うから全体に収縮する。日本の場合、縦への収縮がないから五重塔を建てても、高さは低くならない。その代わり、横は縮むから、柱と横木の間にすき間ができてガタツキが起こる。古い家ががたつくのはそのせいだが、実は、このすき間が地震に対応して家を倒れなくしているのだ。

そこに、さらに重い屋根瓦を乗せて、下に力をかけてあるから、ますます安全になる。しかも、この防備の限界を超えると瓦が落ちて屋根の重量をなくし、家組《いえぐ》みの倒壊を防ぐようにしてある。本当の防備の限界点はここである。

したがって、日本の自然エネルギーへの対処の仕方は、まさに抛物線のように徐々に力を分散しながら対応していくという点で、発想の原点は一つだといっていいだろう。これはさまざまに変化して、ひとつ所にとどまらない日本の自然への深い観察が育てた、高度に科学的な知恵だと思う。ただ、私たちが、彼らは科学的でなかったという先入観にとらわれて、よく見ようとしなかったのと、この原理を経験的知識で終わらせて、公式や方程式化しなかったので、科学性が低いと誤解したのである。

二宮尊徳《にのみやそんとく》が農地改革に使った世界的水準の数学とは？

江戸時代の数学者、関孝和《せきたかかず》は、立体幾何《きか》の名人だった。立体幾何というと、むずかしく聞こえるが、要するに土壌体積を計る名人と思えばいい。

なぜ、土壌体積を計るかというと、結局、水田は絶対水平面なのに、日本の土地は斜面が多いというところに起因する。斜面を水平にするには高い所を削って、低い所を埋める。それにはどれだけの土壌を動かせばいいかを計算しないと、土が余ったり、足りなくなったりして、ムダが起きる。

だから立体幾何が必要になってくる。円錐筒《えんすいとう》の体積を計算してみたり、円錐筒の上を切った体積を計算したり、方錐筒を計算したり、それを関孝和はさかんにやったのである。体積を計算して、それを移動するための労力を計算し、労賃を割り出す。

さらに、二宮尊徳《にのみやそんとく》の農地改革は、この立体幾何をフルに応用した、農地の地形改革である。改革した地形に水がキチンと流れて来なければならないから、この斜面計測も必要である。

これは、水田を相手に長年暮らしてきた日本人の中に経験として積み上げられた知恵だ、と思う。いうならば、自然発生的に、農村の生活経験が生み出したのが数学だった。

関孝和は武士の出身だが、その弟子に農民出身者が多いのは、それを裏付けていると思う。数学は抽象的な学問ではなくて、農村に必要な生活の技術だったのだろう。だから正確さがいっそう必要とされたのである。学問的な数学なら、少々違っても生活そのものにかかわるようなことはないが、農民にとっては生活の技術だから、水が流れなくなったら困るのである。

玉川上水ができて、野火止用水、北沢用水、烏山《からすやま》用水といった用水路が関東一円に造られる。これは全部、その土地の農民が計算し、測量して掘ったものである。これは関東一円の農民が、世界的な数学水準を江戸時代に持っていたことを示していると思う。ただ、それを数学と呼ばなかっただけである。

二宮尊徳が、やろうとしてできなかった工事に印旛沼《いんばぬま》用水工事がある。これは水喰《みずくら》い土《ど》という吸水性の強い軟弱地盤の水の漏れを防ぐ工事が中心となった。その漏れ部分に赤松材を打ちこんで、砂利を詰めて粘土で固める、赤松工法と呼ばれる工事だが、二宮尊徳が測量し、設計して、当時の老中だった田沼意次《たぬまおきつぐ》に提案した。ところが、これは中止になった。理由は二宮尊徳の記録によると、十五万本の赤松が必要だったが、それが集められなかったからだ、とある。

それを、今日になって建設省がやっているが、設計図も工法も二宮尊徳が作ったものとまったく同じで、修正の必要が全然ない。建設省が作ったものと同じだったのである。

ただ、赤松の芯材《しんざい》を鉄筋のコンクリートに替えただけである。砂利や粘土の代わりにコンクリートを流すだけだ。では、コンクリートのほうが赤松より優《すぐ》れているかというと、赤松は考古学の計算でいくと、二千年の耐久力がある。ヤニがあるから腐蝕《ふしょく》しないのである。鉄筋の柱は何年もつだろうか。鉄筋の建物というのは、三十年から四十年で、木造とあまりかわらない。鉄が酸化して腐《くさ》るからである。結果においては、二宮尊徳のほうが長くもつかもしれない。費用は今日では、赤松のほうがむしろ高いにはちがいないが――。

ゾリンゲンのナイフに応用された日本刀の技術

土木工法に優《まさ》るとも劣らない日本の技術に、〝鉄〟の技術、つまり刀の技術がある。鎖国《さこく》を解いて、日本の文化が世界に紹介されはじめてから、西洋人が驚嘆したものに、浮世絵《うきよえ》の技法と、この刀の技法がある。

浮世絵が西洋の近代絵画の幕開けに大きな影響をもたらしたことは有名だが、刀のほうは、そうはいかなかった。

西洋の科学は分析科学だから、当然、日本の刀を持ち帰って分析した。その結果、刀の鉄の成分などはわかったが、ついに同じものを作ることはできなかったのである。わずかにドイツ人がそれを、日本ではゾリンゲンとして知られる剃刀《かみそり》に応用して、研《と》いで使えるようにすることぐらいが、刃物としては日本の刀にいちばん近い応用であった。

日本の刀の作りは、ついに世界の人々が真似《まね》できなかったのである。

日本の刀には、鉄をあつかうようになって以来の日本人の知恵が、西洋科学ではなし得ないほどの技術を生んで、結集しているのである。

鉄を自由にあつかうには、高温の熱を出す燃料が必要である。西洋には早くからコークスがあって千八百度ぐらいの熱を出せた。日本では無煙燃料としては木炭しかない。木炭はいくら酸素を供給しても、千二百度が限度である。普通、茶をわかしている木炭は約八百度である。

「備長炭《びんちょうたん》」という魚を焼く木炭は、六百度という低温で、いちばん長時間、同じ温度で燃える炭である。だから魚がまんべんなく焼ける。

いうならば、魚をうまく焼くために、低温で長時間燃焼する「備長炭」を発明したのである。これはウバメガシというブナ科の植物からつくった炭で、叩くとカンカンと金属性の音がする硬質の炭である。この発明は、日本人が食生活で、煮物や焼物をつくるのに木炭に頼っていたということもあるけれども、料理は低温で長時間かけないと、うまみが出ない、そういう知恵からだろう。ウナギを焼くのはこの「備長炭」を使う。備長炭は備中屋長右衛門《びっちゆうやちようえもん》という人が、和歌山県田辺《たなべ》市の近くで発明したので、その名を取って名付けられたものだが、発明は今から約三百年前、元禄《げんろく》時代である。それ以前は「佐倉炭《さくら》」が多かった。もっと以前になると松炭である。

松炭は短時間燃焼の木炭である。しかし、熱量はこの松炭がいちばん高い。松炭とは、簡単にいえば消し炭《けずみ》である。一般に消し炭がいちばん熱量が低いと思われているが、実は逆なのである。

それでも、最高に得られる熱量は千二百度でしかなかった。しかも燃焼時間が短い。ところが、この低熱量しか得られない条件下で鉄を使用しなければならないことに、私たちの先祖が挑戦することで、世界一の利器、日本刀が生まれたのである。

鉄の熔解点は千八百度である。いくら鞴《ふいご》で風を送っても、木炭ではこの高熱を得ることはできず、鉄は半熔解、つまり、アメ状の鉄が得られるだけだ。

鋼鉄は砂鉄を原料にして製錬《せいれん》する。砂鉄粉と石英《せきえい》粉と木炭粉を交互に重ねて、蹈鞴《たたら》を使う熔鉱炉の中に入れる。熔鉱炉の下に火口があって、そこに火をつけて、三昼夜のあいだ熱すると、どろどろのアメのようなものになる。もし、千八百度の熱が出せれば、ここで純度の高い鋼鉄ができるから、あとは鋳型《いがた》に流しこめば終わりだが、千二百度だから、アメ状の鉄には不純物がいっぱい入っている。

そこでアメ状になったかたまりの上のカスを取って、あとをどっと流して固めると銑鉄《せんてつ》が出来る。それを叩いて細かくして、もう一度、石英粉と木炭粉を重ね込んで蹈鞴《たたら》で熔かし込むと、今度は、炭素が多く含まれた鋼鉄の元ができる。それを玉鋼《たまはがね》という。

断わっておくが、この過程のすべては、鉄を熔解する高熱が得られないという条件下で、千数百年前に私たちの祖先が考え出したものである。

玉鋼は炭素分が多いから固いけれども、もろい。これに柔軟性を与える必要があるから、もう一度、木炭の中で半熔解に熱して〝鍛える〟――叩くわけだ。火花という形で玉鋼の中の炭素を放出するわけである。

村の鍛冶屋《かじや》という歌にある〝飛び散る火花〟というのは、鉄粉も出るが、多くは中に入っている木炭の粉末が火花となって放出されることを歌ったのである。

この叩くときがひじょうに大切で、叩き方が初めに打った人と、後で打った人で力が違うと、均質にならないから、いつも同じ力で叩かなければならない。熟練を要するわけだ。

だから、師匠は弟子に叩かせて、その力のかかり方を絶えず見ながら、全体を均質になるように動かしていくわけである。これはまったくの勘だけれども、計算された、科学以上のものといっていい。

日本刀の切れ味は、焼入れの水加減に秘密がある

私は戦争中に、石川島《いしかわじま》の造船所に勤労動員に行ってスクリュウを磨《みが》いていた。プロペラ一枚が四畳半もあるような大きなものだが、鋳物《いもの》である。今日では鋼鉄は鋳物でできる。ところが、鋳物で造ってもスクリュウは部分によって固さが違うのだそうである。それを電気で試験するのだが、そういう近代的な完全熔解のものでも、部分によって質が違う。

日本刀の場合は、不完全熔解だが、それを叩くことによって均質にしてしまったわけだから、たいへん科学的な知恵である。

こうして、火花を出せば出すほど、鋼鉄の鉄分の純度は高くなるが、炭素を出しきってしまうと、グニャグニャのバネになってしまうので、ある一定の限度で叩くことをやめる。こうして出来るのが、日本刀の芯の主体である。

これを、そのままでは刃物としては弱いのでその表面を一層硬度の高い鋼鉄層でまくり、よく熱して打ち固めて、刀身の主体部を作りあげる。そして、次の段階に刃の部分に焼きを入れて、この部分だけ最も硬度の高いものとし、薄く研《と》いだとき、よく切れるようにするのである。それには、全体に粘土を塗って、刃《は》のところだけ粘土を落として、火の中で焼く。そして、焼けたものを、なまぬるい水の中につける。刃の部分だけ薄くなって、粘土をつけてないから、そこだけ密度が高くなる。すると、刃のところだけが非常に硬質の刃物になり、粘土に包まれた刀身全体は、まだ柔軟性のある柔らかさを持っている。こうして、一本の刀が、固さと柔らかさという二つの相反する性質を持つわけだ。

そこで問題なのは、この鉄を収縮させるための水の温度である。

昔、小鍛冶宗近《こかじむねちか》の弟子が師匠宗近の水加減を盗もうとして、水に手をつけたところ、その温度を味わった手を、つぎの瞬間に師匠に切り落とされたという話は謡曲でも有名だが、こういうエピソードはけっして少なくない。

それほど、この水加減は大切であった。理由は簡単で、冷たすぎる水につけると、収縮が速く起こりすぎて、刃自体にヒビが入ってしまうし、温度が高いと、硬度が得られない。

今日では一般に、その温度は七度から十三度といわれるが、刀鍛冶はこの水加減を秘伝としたのである。

先述した、戦争中のスクリュウ造りのときも、鋳造《ちゅうぞう》したスクリュウを冷却する水をかける役目は、ひとりの職工長が専門にやっていた。彼は「船はこわれても、わしが造ったスクリュウはひびが入らない」と自慢していたが、彼は職工長で、当時の少佐くらい、つまり、重役クラスの月給をもらっていた。

彼はその〝水加減〟を、近代工場で造るスクリュウに応用していて、事実、その技術は彼しか持っていなかったのである。

剃刀《かみそり》の鋭利さを持つから折れない日本刀

いい刀は折れるという人がいるが、それは間違いである。折れた刀は使えなくなる。曲がったときは、もとに戻して使える。利器である刀は折れてはならないのだ。だから〝曲がる〟ということと〝固い〟ということは別である。曲がっても固い刃は折れないという、このきわめて矛盾した性質をそなえていてこそ、日本刀なのである。

さらに、日本刀は後ろに反《そ》らしてある。この反りの理由は、直刀で直角に物を切ると、刀身の断面角度は三度ぐらいあって鋭利さに欠けるからである。刀身を反らして斜めに引き切ると、円運動になる。すると三度の刃が物を切っていくときには〇・一から〇・〇八ぐらいの角度になる。これは安全剃刀《かみそり》の刃ぐらいの鋭利さである。しかも、丈夫さは三度の角度分だけあり、加えて重量がある。重さがあって、厚みがあって、鋭利さが安全剃刀ぐらいの刃、それでいて力が加わると折れずに曲がる柔らかさを持ち、固い物も切れる硬質さを持つという、完璧な刃物が出来あがった。

戦時中によく言われたように、〝魂が打ち込まれている〟かどうかはわからないが、日本人の発想としては、まさに魂を打ち込まんばかりの知恵が投入されているのは事実である。

ことに「焼きを入れる」という知恵はたいへんなものである。先に述べたように、刃のところだけに焼きを入れるために全体を泥で包んで保護し、刃のところだけ泥を落として焼くと、全身に同じ温度がかかっても、ぬるま湯につけたときの冷却の仕方が違う。それで硬軟あわせ持つ特異な刃物が出来るという着想は、驚嘆に値する。

　後に刀は鑑賞用になるから、焼きを入れるときの刃紋の乱れを〝におい〟といって楽しんでいる。が、これは遊びというか芸術性の要求で、本来、刀には〝におい〟などは問題ではない。やはり、切れることが第一であった。

　ヨーロッパにはコークスがあって、鉄は溶けてしまうから、鍛える必要がない。形を整えて研《と》ぐだけである。日本には木炭しかなかった。木炭という低温燃料しかないという不利さが、逆に〝鍛えて焼きを入れる〟という知恵を生んで、世界一の利器を作ったのである。

　この日本刀の出現は、比較的新しいと思われていたが、最近、古墳から出土した日本刀を切断して、顕微鏡テストを行なった結果、まくり鍛えのまくり方は少し違ってはいるが、千五、六百年前から作っていたことがわかった。

　その後、奈良時代を経過して、平安時代になって、はっきり、全身まくりになり、刃に焼きを入れる技術が完成した。だから日本刀の起源は千五、六百年前で、完成期は約千年ほど前だと言えると思う。

今日でも鎌倉の町を、銭洗川《ぜにあらい》という川が流れている。そこには砂鉄層がある。そこに立って、日本刀が完成するまでの努力を考えてみるのもいいだろう。コークスを産出しない日本の風土が鉄を溶かし、あの端正な日本刀をどう鍛え上げたのか。その科学性に思いをめぐらすことも、きっと楽しいにちがいない。

日本人の先祖は深い独創性を持っていた

現代人は、便利なもの、簡単なものなどに走りやすい傾向がある。日本の伝統工芸である陶器や漆器《しっき》も、最近ではプラスティックの製品にとってかわられている。漆器について言えば、日本には三千年の歴史がある。それを新しく便利なものが出来たからといって、あっさりと捨て去っていいものだろうか。

私は山が好きで、今でもチャンスがあればよく登っている。自然の中を歩くと、何か新しい発見があるもので、この趣味を大切にしている。学生時代だったが、四国の八十八ヵ所の霊場めぐりをしたことがある。そのころの四国巡礼には、今でいうハンセン病にかかった人が多くいたが、ちょうど私が旅を終えて、東京に帰ってまもなく、「ハンセン病は伝染病だと判明したので、当人の意志にかかわらず、香川県の小《こ》島《じま》に収容する」という発表があった。ハンセン病患者は突然、その日から伝染病の保菌者に変わってしまい、私たち人間が持っている自由を根こそぎ奪われてしまった。この病気の患者は推古《すいこ》天皇時代の千三百年の昔からいた。それが医学研究の結果、まったく突然としかいいようがないが、伝染病ということになった。

　このとき、私は〝医学というものはいい加減なもので、結局、説明的なものだ〟と思った。それで、その説明を一体、誰が信じているかというと、私たち人間である。私たち人間全部が肯定したもの、それが科学的真理だが、人間の真偽の判別能力には限界がある。見えないものもあるし、聞こえないものもあるからだ。その不完全な人間の説明だけが科学的だとなると、自分でよく確認もできないことについても、〝そうだ、そうだ〟と、多数決で、それを真実にしてしまうことがあるだろう。しかし、真実は他にあるかもしれない。科学というものが、一日でまったく別の真実を言い出すものだとすれば、とてもではないが、西洋の科学的発想法だけに頼っていては、真実など発見することはむずかしいと思った。科学的真理というのは、つねに相対的なものでしかない。だとすると、これは〝日本人は非科学的だ〟という理由で捨て去ってきたものの中に、実は真実があるかもしれない。それなら、日本人を非科学的とした西洋の科学的発想ではない方法で（当時、水平思考などという言葉はなかったから）、「これからは物事を斜めに見ていってやろう」と考えた。物の見方は一つではないはずである。

たとえて言えば、先ごろからオカルトが流行していて、それが真実かどうかを議論している。それはいい。だが、私はいろんな不思議な現象はあり得ると思う。その理論を私は知らないだけで、その他にもわからないことはいっぱいある。それを、オカルトは科学的に説明できないという理由で、言い換えるなら、自分がわからないことについて〝それはありえない〟という言い方をするのは、不遜《ふそん》だと思う。科学は絶対であっても、万能ではないのだ。

私の幼いころは、女学生も先生も和服を着ていた。しかし、関東大震災が起こり、また、有名な白木屋《しろきや》の火事で女店員が大勢焼死するという事件が起こると、〝和服ほど非活動的で非科学的なものはない〟と言い出して、今日のような洋服に切り替えられてしまった。

そのときも疑問を持った。

そんなに不便な和服を、日本人が千数百年もの期間を我慢して着ていた、などとは考えられなかったのである。

それ以来、私は西洋の科学的発想の成果に出会うと、まず疑ってかかるようになった。疑うというより、そのまま取り入れるということに疑問を持つようになった。そのような観点から〝日本人の歴史〟を見つめ直すと、実は、モノ真似上手といわれる日本人が、深い独創性を持ち、非科学的どころか、科学的説明があとから追いかけなければならないほどの科学性を持っていたことを、発見したのである。

その科学性を、食物を例にとって述べてみよう。

何でも食べる悪食《あくじき》世界一の日本人

以前、日本の食物史を書こうとしたときのことである。日本人の食べる食品名をいろいろと挙げていってみると、大げさに言えば、日本人は世界中の人が食べてきた、すべての食品を食べている。というより、さらにそれに輪をかけた多種のものを食べている、という結論を得た。

摂取している食品が多いうえに、中華料理だの、西洋料理、ロシア料理、インド料理、メキシコ料理、最近はアフリカ料理店まであるらしいが、ともかく何でも食べる世界一の雑食民族が、日本人である。

食べ物に関して情熱的というか、貪欲《どんよく》というか、おそろしく丈夫な胃を持っている。香辛料《こうしん》にしても、ある民族は胡椒《こしょう》しか使わないのに、日本人は唐辛子《とうがらし》も生姜《しょうが》もワサビも食べる。そして、それを少しも不自然だと思っていない。

ナマコ、ウニ、タコ、カズノコはいいとしても、ニシンがコンブに産《う》みつけた子持ちコンブまで珍味と喜ぶ。子持ちコンブは、アラスカが、自国では食べずに、日本へ輸出用にだけ採《と》っているのだそうである。

フグやウルシの新芽まで、日本人は危険の一歩手前まで食べる。いうならば、日本人は、命がけで何でも食べてみるという、おそろしく勇敢な民族である。

こうした貪欲さは、一方では生命力の旺盛さである。世界中で、もっとも滅びにくい民族は日本人かもしれない。

では、日本人は何を基準にしてこれほどいろいろなものを食べているのであろうか。それは、栄養があるとか、カロリーがあるとかいった基準ではなく、まったく論理的な根拠のない〝ウマイ、マズイ、季節感がする、歯ざわりがよい〟という一種のムードがもとなのである。いわば味覚が日本人の食生活を選択し、決定してきたのである。その結果、西洋の思想から見れば、いろいろな不合理を生んできたのは確かである。

栄養学的に不合格な食品といえば、まず米である。むしろ、ヒエ・アワ・ソバのほうが合理的な食品である。第二次大戦前の徴兵検査で、ヒエダンゴとサツマイモとイワシを常食としていた九州や四国の農村の若者がいちばん体格が良かった。

サツマイモは、ひじょうな高カロリー食品である。ただそれは、皮もいっしょに食べた場合のことで、皮をむいてしまうと胸やけの原因になる。津軽《つがる》三味線《じゃみせん》の高橋竹山《たかはしちくざん》という人が、私はサツマイモばかり食べていたが、胸やけしたことはない、皮ごと食べているからだ、と言っていたという話を聞いたことがあるが、そのとおりで、皮ごと食べると中性食品になるからである。青野菜をいっしょに食べると、もちろん良い。

うまい、というムード的基準が、日本人をこうした完全食品から遠ざけてしまったことも事実である。

日本人が、なぜ米を選んだかというと、穀物の中では米が、いちばんグルテンと糖分を含んでいて、まさに〝うまい〟からである。それが、日本人を米の偏食家にしてしまったが、一方では、この〝うまい〟という基準が、米偏食を補って十分なほどの副食品を生んでいくことになる。

日本人の悪食《あくじき》の知恵は、米偏食との闘いの中から生まれてきたといってもいい。

米偏重《こめへんちょう》が生んだ日本人の食生活の知恵

日本人が、米を主食品として摂《と》るようになった原因は、もちろん〝うまい〟ということが第一にあった。だが、それだけではない。

米は高カロリーを持った澱粉《でんぷん》質の食品である。穀物の中では単位面積における収穫も麦の二倍ちかいくらいの大量生産ができる。他の穀物に比較して、米はいろいろな利点を持っていたのである。

ただ米は、その澱粉質が胃の中に入ると、すぐ糖化する酸性食品である。この点だけが大きなデメリットであった。そこから副食の知恵が生まれるのだが、それは後述するとして、米の第三のメリットは、〝保存〟ということであった。

日本人は米を大体〝蒸《む》して〟食べる。これが玄米のままだと、ビタミンA、Bはそろっているし、そのうえにＣ、Ｆ、Ｋといった稀少《きしょう》ビタミンも含まれている。したがって、玄米を食べていれば、栄養学的には問題がなかった。だが、それでは第一のメリットの〝うまみ〟がなくなる。そこで、どうしても半搗米《はんつきまい》にする。

米の保存からいうと、玄米を蒸したものは、そのまま置いてもなかなか腐らない。半搗米にしたり、糠《ぬか》を取ったものを蒸すと、すぐに空気中の糀菌《こうじきん》と接触して分解をはじめる。それを防ぐために生まれたいちばん素朴な方法が、〝握り飯〟である。

握り飯をつくると、外側は空気に接触するから、かびが生《は》えたりするが、中は腐らない。そこで、握り飯の表面に発酵作用を止める塩をまぶしたり、ミソで包んだり、あるいは焼いて表面を炭化させておく方法を考えついた。

なんとか〝うまいもの〟を食べたいという執念である。握り飯の原理をさらに徹底すると、ぎゅっと圧縮してつぶせばいい。それが餅《もち》である。餅は携行食だから、「持《も》ち飯《いい》」、長く保《も》つからではなくて、「持って歩く飯」という言葉から生まれた携行食の意味である。

ご飯のままだとすぐ発酵するから、米の粘着性を利用して、搗《つ》いて固め、表面だけを空気にさらす。そのときに空気に直接触れないように、今日では粉をまぶすが、その結果、餅は携行食という意味だけでなく、保存食品としても完成したのである。餅にしておくと、他の穀物よりもすぐ食べられる状態で、いちばん長もちする。普通、半年、中には一年以上も保つものもある。かき餅がそれである。他の米を食べる地域でも、日本のような餅はない。たぶん、他の国では暖かく、冷凍ができなかったためだろう。

日本では寒いときに寒餅《かんもち》をつく。表面は割れるが長く保つ。かき餅は、もっと薄くしてあるから、空気に触れる面が多く、ほとんど完全に冷凍されてしまう。だから何年も保つ。これは、飢饉《ききん》とか災害に対する知恵と、携帯しやすいという実用性が生んだ知恵だろう。かき餅や寒餅は、どこに持っていっても、湯につけたり焼いたりして、すぐに食べられる完全保存食品である。

さらに、米を蒸して、そのまま干《ほ》して保存する方法もある。干し飯《いい》である。これを少し水につけて、すぐ煎《い》るとパーンと爆発する。水分が急激に蒸発する際に組織が拡がるのだ。これが「おこし米」で、これを固めたのが「雷おこし」などの携帯食である。昔は固めずに持っていて、食べるときに湯をかけた。するとすぐ飯にかわる。こうしてご飯の保存、携行が成立すると、米は日本人にとってますます大切な食品になっていった。

〝日の丸弁当〟は超合理的な食品

そこに「米」に対する信仰が育っていく。米を粗末にしたり、冒瀆《ぼうとく》するとたたりがあるという戒《いまし》めができる。『山城国風土記《やましろのくにふどき》』という千二百年前の本に、こんなエピソードがある。

秦伊呂具《はたいろぐ》という大地主が、米ができすぎるので、餅にして、それを的《まと》にして矢を射ていた。すると矢が当たった餅は、白い鳥になって飛んで行ってしまった。その鳥が落ちた山が稲荷山《いなりやま》――稲のなる山、お稲荷さんである。その事件の後、秦氏は転落して貧乏になった、という話である。餅という食品を、遊びの対象にすると罰が当たるといって、米の神聖観を教えているわけだ。したがって、昔の人は米を大事にしたし、米には悪魔を払う力があると教えて、今日でも地鎮祭《じちんさい》のときには神主が、水と塩と米を撒《ま》く。

人間の経験的な客観の範囲での、物の説明が科学だとすれば、日本人の場合は、これを信仰や人間の倫理観、あるいはムードといったもので感じていくのである。その信仰も、特定の宗教に規制されるのではなく、宗教の原点というか、人間が生存していくために必要な原点に立っているから、前近代的ではあるが、日本人には説得力があったのである。

日本では、こうして米を〝主食〟として、カロリーの摂取源とした。だが、米自体は先述したように、酸性食品であり、さまざまの欠点を持っている。そこで、この米の欠点を補うために、米とは違った性質を持つ食品を摂取する。これが副食の概念である。

外国人は、食生活において、こうした主食と副食といった概念を持ってなくて、すべての食品から万遍《まんべん》なくカロリーや栄養を摂《と》るという考え方である。したがって、「ごはんとおかず」といった関係はない。どの食品もごはんであり、おかずである。だから、西洋の栄養学ではどの食品ひとつ取り出しても、その食品自体に、カロリーと栄養がバランスよく含まれていなければならない。そういう目で日本のごはんとおかずを見ると、それぞれ欠陥だらけであることから、日本人の食事は近代的でない、ということになってしまった。

だが、これは正しい見方だろうか。たとえば、日の丸弁当を考えてみよう。日の丸弁当というのは九九パーセントが米で、副食は梅干だけである。栄養学的にみれば、こんな低カロリーで野蛮な弁当はないだろう。だが、これは間違いである。大量の白米とひと粒の梅干だが、これが胃の中に入ると、この梅干ひと粒が、九九パーセントの米の酸性を中和し、米のカロリーは食べたほとんどが吸収される役割を果たす。

すなわち、日の丸弁当は食べてすぐ、エネルギーに変わる、労働のための理想食なのだ。しかし、日の丸弁当は、カロリーこそ摂れるが、ビタミンの種類が足りないし、これだけを毎日食べているわけにはいかない。しかし、ビタミン類というものは毎食事、つねに一定の量を摂取しなければならないというものではない。たとえば、夕食時にそれを補えばいいのである。

いま必要なカロリーを摂るという意味では、日の丸弁当は、近代的な進んだ知恵なのだ。

サンマのはらわたは、なぜ貴重なのか？

さらに、米を主食としてカロリーを摂るという発想のほうが、経済的なのである。

なぜなら、米と麦を単位面積で比較すると、先述のごとく、米は麦の約二倍の収穫を得ることができるし、そのうえに、米の澱粉質は良質なので、消化吸収が実に早い。カロリー源は安くて、胃に負担をかけない米にまかせ、一方で、この米の吸収を早めるための、一種の触媒《しょくばい》的なアルカリ食品を少量、さらにミネラル、ビタミン類を補給する食品を少量、これらを副食として摂取するという日本人の「ごはんとおかず」方式は、実は見事に合理的な食事法だと言っていい。そして日本人は、この副食に〝悪食《あくじき》〟といわれるくらいの情熱をかたむけて、さまざまのミネラル、ビタミン類の摂取を試みる。その理由は、ミネラル、ビタミン類の摂取ということだけでなく、「うまい」か「うまくない」かであり、「これは元気がつきそうだ」「薬になりそうだ」という自分の感覚である。食品の善《よ》し悪しの基準が、科学分析として外側にあるのでなく、「生きたい」と願う自分の内側の観察にかかっているのである。

白米の欠点をもう一度整理してみると、まず、酸性食品であること、次に完全無塩《むえん》食品であること、さらにこれをカロリー源としたために、蛋白質《たんぱく》や脂肪、ミネラル、ビタミン類の摂取が少なくなること、などである。

そこで副食類は、その三点を補うことに集中される。まず、酸性の中和剤として梅干、タクワン、さらに味噌汁などの発酵食品を摂る。次に、米の澱粉が完全無塩食品だから、塩分を摂取することが問題になってくる。

私たちの血液には、塩分が必要である。そこで、古代人は有機塩を食べてこれを補った。食塩は塩化ナトリウムで無機塩である。有機塩は木の新芽とか、動物の内臓に含まれている。

日本人はサンマのはらわたを好んで食べるが、はらわたは他の部分よりカロリー価が高く、さらに多くの有機塩を含んでいるから、結果的にはカロリーや塩分を優先して摂取しているのである。小魚や貝や魚の内臓、木の新芽なども同じで〝米の味〟の足りない感じを、〝別の味〟で調和させるという形で、有機塩を必要なだけ摂取していた。

科学塩《えん》を使わず粗塩《あらじお》で成功した料亭〝辻留《つじとめ》〟

米作社会が安定すると、分業が始まり、一部の海岸民が海水から塩をつくりはじめる。いわゆる塩焼釜である。すると政府は、租税として、十州塩《じつしゆうえん》という形で、瀬戸内海沿岸の十の国から食塩を徴収する。これがさらに分業を促進することになり、塩を焼く職人が誕生し、一般の人々も、有機塩でなく、無機塩である塩を食べる習慣を持つようになった。

従来、山間部の人々には食塩がなく、それを木の新芽や動物の内臓で充分補えていたのだが、この食塩を食べる習慣が広がって〝塩の道〟ができる。すると、私たちの祖先はこれを使って、塩辛《しおから》とか漬物《つけもの》といった発酵食品を作る。くわしくは後で述べるが、この発酵食品は、塩蔵食品であると同時に、米にはない蛋白質、脂肪、ミネラル、ビタミン類を含み、さらに消化を促進し、その結果、日本人の副食品はよりいっそう充実していくのである。

よく日本人は、あきっぽいとか、ねばりがない、あるいは独創性がないといわれるが、それは、日本人である自分自身をよく観察していないからで、私たちの祖先ほど、多種多様の副食品を持っている民族を私は他に知らない。これだけの副食品を作り出すには、ねばり強い実験精神と、ユニークな着想というものがなくては、とてもできないと私は思う。

科学というものを軽視したり否定するわけではないが、科学というものが、人間につねに幸せをもたらしてくれるものとはかぎらない。身近な例として、今日の日本の食塩がある。

日本専売公社（現・日本たばこ産業）の売っている食塩はすぐれた、科学的なもので、イオン分解法で作られた、ほとんど純粋に近い塩化ナトリウムの結晶である。
人間には塩が必要であるという科学的なテーマには、今日の食塩は見事に応《こた》えている。

ところで、私の親しい知人である〝辻留《つじとめ》〟という料亭の主人が、また凝《こ》り性《しょう》というか、ひじょうに実験精神に富んでいるというか〝うまい料理〟を作ることに執念を燃やしている人で、料理を作るのに、純粋なもの、純粋なものと原料を追っかけていった。もちろん、食塩は九九パーセントの塩化ナトリウムである専売公社のもの、砂糖は氷砂糖という具合である。

ところが、どうしても、もうひとつ舌を満足させてくれるものが出来ない。そこでさらに純度の高いもの……とやっているうちに肝臓をこわしてしまった。医者の診断によると、食塩の摂り過ぎだという。

「そんなバカなことはない……」と、そのとき、彼は悟《さと》るところがあって、私のところに「昔の粗塩《あらじお》は手に入らないか」と相談に来た。これは数年前のことで、当時、粗塩は伊勢《いせ》神宮が祭りに使うものしかなかった。そこで、祭りに使ったあとの粗塩を分けてもらうよう手配してあげた。

　それから間もなく、彼から電話があり「やっぱり、塩は粗塩でなくてはならなかった。味もずいぶん、よくなったし、身体のほうも健康になった」ということであった。

　人間の体に塩分が必要なことは確かである。だから、科学は必要なものを分析して、イオン分解法による純粋塩化ナトリウムを作り出した。ところが、従来、人間が摂取してきたのは、理想的には有機塩であり、無機塩といっても、塩化マグネシウムやその他、微量ながらさまざまのミネラルを含んだ粗塩だった。

　動物の内臓や木の芽に含まれた有機塩も、粗塩も、いわば科学の手が加わらない自然のもので、それを食べるのは確かに塩化ナトリウムの補給が目的だが、それを摂《と》ると同時に、その塩化ナトリウムと同時に含まれている、さまざまなミネラル類も摂取していた。そして、その微量だが、科学的には余計な部分である塩化マグネシウムやその他のミネラル類も、実は人間の健康に影響していたのである。それを素朴な科学は発見できないで、「塩が必要なら、塩化ナトリウムを科学的に作ればよろしい」とやってしまう。これは科学的思考としては誤ってはいないが、素朴な科学的思考だと言える。

空気中には、酸素は五分の一しか含まれていない。しかし、今日の科学では、人体に必要なのはその酸素だという。では、純粋酸素だけが人体に理想的かというと、これは実験の結果、そうでないことがわかったらしい。

信玄《しんげん》味噌《みそ》が四百年間の保存に耐えた理由

人間はいかに科学が追いかけようと、元来が自然の中で生まれ、死んでいく生きものである。だから、自然と調和して生きることが、実はもっとも科学的なのだ。それを西洋の科学の発想は、「自然を征服できる」というところに立脚しているから、往々にしてこのような誤りを犯すのだ。もちろん、だから科学はいらないというのではない。ただ、合理性を追求する科学が、それゆえに不合理を犯すことも知ったうえで、科学を使っていかなければならないと思うのである。こうした科学が犯す不合理を、私は「合理の不合理」と呼んでいるが、そういう観点から見ると、私たちの祖先の知恵というものは、一見、不合理に見えながら、実は合理的であるという「不合理の合理」に満ちている。ただ、私たちにはその知恵が不合理という壁にさえぎられて、その中の合理性が見えない場合が多いのである。

日本の古代人たちは、食塩が身体に必要だと知ると、それを分析して、イオン分解法を発見する方向へは向かわず、海から採れる食塩を保存することを考える。食塩は、空気に触れるとすぐ品質が変化する、という性格を見きわめると、空気に触れさせない方法を考える。

そのためには、他の動植物の蛋白や繊維の中に塩を入れておけばいいことを知る。その発想が漬物、味噌、醤油《しょうゆ》の発達の原点である。

味噌、醤油、漬物に塩を入れると、そのもの自体の発酵がそこで止まると同時に、食塩が空気に触れないから半永久的に保存される。

武田信玄が考案したといわれる〝信玄味噌〟は、四百年前のものだが、今日でも、作ったときのままのように塩辛《から》く食べられる。山梨県に残っているが、もちろん、大《だい》豆《ず》の蛋白もそのまま栄養が保存されている。

梅干も一般のタクワンのような漬物も、味噌も、食塩によって、それぞれの栄養分が保存され、保存した組織によって、食塩もまた保存されているのである。

塩辛は、動物の生肉や内臓を発酵させたもの、腐らせたものである。この過剰発酵を食塩で止める。同時に食塩も保存される。塩辛が栄養価の高い食品であるというのは、こういう意味なのである。

これを液体にしぼったものが、いわゆる魚醬《ぎょしょう》――つまり〝しょっつる〟、動物蛋白をベースにした醬油である。今日の醬油の原点はこの魚醬である。だから、醬油はこれに対して穀醬《こくしょう》といわれる。要するに、食塩の相手が動物性であろうと、植物性であろうと、蛋白質であればいい。蛋白質が発酵すると、すべて醬《ひしお》になる。その過剰発酵を防ぐために食塩を加えて保存する。両方の保存だから相乗《そうじょう》効果がある。

こうして、一つの食品で米にない塩分と蛋白質や脂肪、ミネラル、ビタミン類の補給という副食の条件を一度に満たしてしまったのである。

さらに、発酵食品は、グルタミン酸ソーダとアミノ酸を持っている。グルタミン酸ソーダは成長酸だから全身を成長させる。アミノ酸は、脳の細胞分裂をうながす酸だから、知能を発達させる。このように、日本人は世界でいちばん発酵食品を多く摂ってきた国民である。

味の分類は、西洋四味、中国五味、日本は六味

梅干は前にも述べたが、鰹節《かつおぶし》がやはりそうである。鰹節は蒸《む》し鰹を天日《てんぴ》に干《ほ》して、もう一度カビさせる。このとき菌糸《きんし》が中まで入って、全体を同じ程度に凝固《ぎょうこ》させる。この結果、永久保存に耐える食品になる。菌糸は発酵をうながすから、その結果、日本人が大好きな〝うまみ〟が出たのである。

それによって日本人は〝六味〟を知った。西洋人は味を四つに分ける。甘い、すっぱい、塩辛い、ぴりっと辛い、の〝四味〟である。中国人はこれに、苦《にが》いを加えて〝五味〟。中国では「五味の調和」というのが調理の基本である。

日本はこれに、〝うまい〟を加えて六味である。六味を知っているということは、頭をよくする方法を知っているということだ。つまり、日本人は知能程度が高いということである。

実際、欧米の子どもの成長知能を一〇〇として取った指数では、日本の子どもは一〇二だというデータもある。

日本の農民がいかに利口かという例は、いくらでもある。ビニール・ハウスの促成栽培にしても、農協が少し指導すると、たちまち日本全国に拡まってしまって、とう

とう年中、青い野菜を食べられるようにしてしまった。こういう例を、外国では聞いたことがない。

この発酵食品によるうまみの発想は、万葉集時代からあるから、すでに千年を超えて、日本人の血肉になっている、と言っていいだろう。うまみというものに憧《あこが》れて、魚でも生《なま》で食べるよりは、生干しにして食べたほうが〝うまい〟——これは、アミノ酸が発生するからである。

シイタケも野生のキノコだけれども、生で食べてもあまり〝うまくない〟から、干してみる。天日に干すと、赤外線を受けてひじょうに強いビタミンKとグルタミン酸とアミノ酸ができる。すると〝うまい〟。

コンブが、やはりうまい。

こうした味覚が、ついに結晶アミノ酸を基本とした世界的な発明である〝味の素〟を完成する。

この〝味の素〟は、私は、日本人でなければ発明できなかったものだと思っている。

〝味の素〟の発明は、〝昆布《こんぶ》のダシ〟とは何かという追求の結果である。おかげで、全世界の人類が〝味の素〟のせいで〝うまみ〟を知り、その結果〝うまみは味の素〟みたいな逆《さか》さまの味音痴になったきらいがないでもない。

だが、結晶アミノ酸も、自然のうまみには勝てない。干しシイタケによるうまみの増幅は、そのものの持ち味の十六倍で、うまみを作る最高の食品である。コンブによるうまみの増幅が七、八倍、結晶アミノ酸が二倍である。

結局、栄養のバランスという意味では欠点の多い米が、日本人を、味においては世界一の国民に仕上げたのである。

日本の料理学校は世界でもっとも古い

今日でこそ、料理学校や割烹《かつぽう》学校は世界中にあるが、日本では料理教育の発達はひじょうに早い。十六世紀にはすでに始めている。西洋料理教育が始まったのは十九世紀からだから、比較にならぬほど早かったわけだ。

十六世紀の記録によると、四条《しじよう》流、大草《だいそう》流、進士《しんし》流という三つの流派料理ができた。その三流派がいろいろな料理を創り上げて味覚を争い、ついには味覚の判別競争をやっている。

まず、最初はお茶を飲んで、その茶の水がどこの水かを当てることから始める。水を水として飲んでもわからない。水は他のものと接触して混ざって味が出るから、お茶にするわけである。「これは淀《よど》川の水」とか、「琵琶湖《びわこ》の水」「宇治《うじ》川の中流の水」とか、そんなことが本当にわかったのかどうかは、私にはわからないが、それでちゃんと賞品を出したりしている。

これが闘茶《とうちゃ》というお茶のゲームで、のちの茶道《ちゃどう》の源流である。

さらに、鯉《こい》の味を当てて合う競争がある。鯉のさしみを作って、ひとくち食べて「これは琵琶湖の竹生島《ちくぶしま》あたりの鯉である」とか、「こいつは大津《おおつ》あたりの鯉かな」「宇治川の鯉には違いないが、これは岸に近い鯉だろう」――これも本当に当たったというから、当時の人たちの舌がどんなに優れていたか想像できよう。

その〝舌〟を頼りにして、発酵食品だけでなく、海草を風味で食べる。海草類にはヨードが含まれている。西洋人は動物蛋白の摂取量は多いかもしれないが、海草などは食べない。私たちはまた、大根の葉を干して保存し、汁に入れて食べる。大根葉は、いくらカラカラに干しても、ビタミンA、Bなどが完全に残される数少ない野菜のひとつである。それに、後で述べるが、日本人しか食べないゴボウやこんにゃく。

私は日本人は食品摂取のバランスという意味においては、世界でもっとも科学的な民族だと考えている。

人間以外の動物たちは、自分が何を食べればいいか本能的に知っている。それを科学はあとで分析して知る。私は日本人の味覚による食品摂取の知恵に、こうした科学を超えた動物的な鋭敏さを連想する。動物たちと基本的に異なっているのは、自分に必要な食品を自分の手で作り出していることだが、そのための悪食《あくじき》こそ、日本人の科学への対応の原点だったと思うのである。

なぜ日本酒にかぎって、温《あたた》めて飲むのか

日本人は、主食の米からさまざまな食品を作り出している。そのひとつが日本酒である。

米を蒸《む》して置いておくと、糀菌《こうじきん》が入って腐りかける。すると甘くなる。糖化するわけだ。そのとき、イースト菌を加えると酒になる。日本酒の原理である。だが、今日でこそ、糀菌、イーストという言葉を使うが、昔はそんな表現はしない。

酒屋には必ず〝杜氏《とじ》〟という技術者がいた。糀の素《もと》で発酵させた米は、空中の自然

イースト菌を触媒《しょくばい》させることである。その技術を知っているのが杜氏である。いうならば、甘酒に空気を吹っかけるだけである。だが、むずかしいのは、このときの温度である。相手が熱すぎればイースト菌は死ぬし、寒ければ繁殖しない。この適温を知っているのが、杜氏である。

次に杜氏は、イースト菌で発酵しはじめた酒をそのまま放っておくと酢になるから、途中で〝火入れ〟をする。塩辛類はここで食塩を使う。日本酒は熱で菌を殺す。このタイミングがまたむずかしい。今日ではすべて化学的に処理されるが、当時は経験によるカンである。この結果、菌が死んで〝どぶろく〟ができる。そこに藁灰《わらばい》をまぜると〝あく汁〟によって繊維と澱粉が収縮するから、下に沈澱して、上に上《うわ》ずみができる。それが今日の清酒である。今日ではあく汁の代わりに薬品を使う。

簡単にいうと、米を蒸して糀菌を発酵させ、糖化したところに生ビールを入れると、日本酒ができる。生ビールはイースト菌が入っているからである。

こうしてできた上ずみを杉樽《すぎだる》に入れる。昔は壺《つぼ》に入れて、腐りかけると杉の新芽を漬《つ》ける。杉はフーゼル油という油脂を持っている。杉のヤニなのだが、このフーゼル油は防腐作用を持っている。だから、昔の酒屋は杉の新芽をたくさん用意してあった。

奈良県の大神《おおみわ》神社という酒の神さまを祀《まつ》る神社は、杉の新芽でつくった玉を売っている。昔、酒屋はそれを買ってきて、酒が腐りかけると、漬《つ》ける。すると元にもどる。

その杉を束《たば》ねたものを酒林《さかばやし》と呼ぶが、酒屋には昔、それを門口に吊ってあった。だから、酒林が吊ってあると〝あそこは酒屋だ〟とわかるわけで、これが日本の看板の元祖である。

このフーゼル油は、レモンの皮にも含まれているが、結局、運搬するときの樽《たる》を杉でつくればいいから、江戸時代になって酒樽は杉樽になった。日本人は杉を建材に使ったせいもあるが、杉のフーゼル油が染《し》み込んだ酒の匂いを樽酒といって喜ぶ。

江戸まで運んでいった酒を、〝下《くだ》り酒〟、それを上方に持って帰ったのが〝戻り酒〟、江戸まで馬の背に積んで揺られて酵熟《こうじゅく》した酒がもう一度、東海道五十三次を戻ってくる。この戻り酒がひじょうに高い。なぜかというと、結局、杉の木のフーゼル油の香りが、全体にほどよく拡がって酵熟しているからだ。

だが実をいうと、フーゼル油というのは揮発《きはつ》性の油で、これを摂取すると脳神経をおかされて頭が痛くなる。

世界中の酒で、飲む前に温めるのは、中国の一部の酒と日本酒だけである。日本酒をお燗《かん》するのは、このフーゼル油を揮発させるためである。冷たいままで飲むと頭が痛くなったりする。にもかかわらず、この杉樽の香りを好んで、高いお金を出して飲むというのだから、変わっているといえば変わっている。

下り酒、戻り酒の話のついでだが、江戸の酒は評判がよくなかった。酒の本場は当時でも関西だったわけである。江戸の酒は、東海道を関西から下ってきたものではない。つまり、下らない酒ということになる。現在、つまらないとか、大したことないとかのことを〝くだらない〟と表現するが、その語源は、この〝下らない酒〟からきているのである。

酒を飲むと、気が大きくなる。なかには気が変になる人もいる。古代人は、この状態を神がかりの状態と考えた。神の霊が降りてくる。それで、お酒を神に供《そな》え、自分も飲む。このようなことから、日本酒には、宗教観や神聖観がある。それが〝御神《おみ》酒《き》〟の発想である。日本人にアルコール依存症が少ないのも、原点にこの発想があるからであろう。

日本史は米をめぐって作られてきた

米の歴史をあらためて述べるまでもなく、日本人にとって、米は神聖なものであった。そして、日本人が稲作について払った努力は、驚くべきものであった。

稲はほぼ亜熱帯性の植物である。しかし、現在の稲は耐寒性のものもある。

坂上田村麻呂《さかのうえのたむらまろ》（七五八〜八一一）が、平安時代に征夷大将軍《せいいたいしょうぐん》に任命され、東北征伐《せいばつ》に行って築いたのが胆沢城《いざわじょう》である。この古代の城柵《じょうさく》は、現在の岩手県水沢市《みずさわし》（現・奥州市《おうしゅうし》）にある。東を北上川《きたかみがわ》が流れ、北に胆沢川が流れる台地に、一辺六五〇メートルの正方形に造られた平城《ひらじろ》である。そして、この平城の中に、農事試験場が造られていたのである。

軍事征伐とだけ考えると大きなまちがいを犯す。なぜ、自分の城に農事試験場を造ったりしたのか？　ここに日本史の大きな鍵がかくされていると言ってよい。

結論から言えば、この坂上田村麻呂にしても、後の文室綿麻呂《ふんやのわたまろ》にしても、征伐者というより、開拓指導者だったのである。そして、その目的は二つあった。一つは、東北を開拓することによって、近畿《きんき》の余剰人口を移植させること。もう一つは、租税の増収をはかることであった。

当時の現地人に稲作を教え、自分たちも稲を作らねばならない。しかし、寒冷地東北に、稲を定着させるために、稲の改良とか、作付け時期などを研究し、そのために、農事試験場が必要だったのである。

胆沢城は、昭和三十年に発掘されたが、あらわれた農事試験場は、見事なものであった。

日本史で学ぶ〝東北征伐〟は、武力で押さえつけたような表現で述べられるが、実は近代的な発想を持った文化的な開拓だったのである。

東北地方に、佐藤、斎藤など〝藤〟の姓が多いのは、藤原氏の人々が、近畿地方から、稲作農業の指導者として、あるいは移植者として定着した名残《なご》りと考えてよい。東北美人や東北人が、畿内《きだい》型の体質を持っているのはそのためである。

こうして、耐寒性の稲を完成させ、稲作が定着するのは、平安時代の初期である。それまでの稲作の北限は仙台《せんだい》平野であった。

東北での稲作成功を背景に、豪族安倍《あべ》氏が勢力を持つようになる。

しかし、この稲も完全ではなかった。いや、稲はよかったのだが、日本は平安時代の後期に寒冷期に入るのである。何度も冷害が起こり、減収に減収を重ねることになってしまった。けれども、平安の貴族たちは、おかまいなく税を取りたてる。こうして起こったのが、安倍貞任《あべのさだとう》、宗任《むねとう》兄弟の反乱、つまり前九年《ぜんくねん》の役《えき》（一〇五一～六二）である。もちろん平安貴族に、乱を平定するだけの力はない。出羽《でわ》の豪族清原武則《きよはらのたけのり》と源義家《みなもとのよしいえ》が治めるのである。こうして、東北は清原一族の支配するところとなった。

しかし、この清原氏も、安倍氏と同じ理由から反乱を起こす。後三年《ごさんねん》の役《えき》（一〇八三～八七）である。

そして、同じように源義家の力を借りて藤原一族が平定する。平泉《ひらいずみ》の奥州藤原氏である。

これらの内乱の延長線上に、保元《ほうげん》（一一五六）平治《へいじ》（一一五九）の乱が近畿に起こる。そうして、時代は武家の時代へ入っていった。

あらゆる意味で、日本史の裏側には米の争いがあった。米を原動力に歴史は転換してゆくのである。

稲作を、日本の気候や土壌に適応させようとする努力が、歴史を生み、歴史を作ってきた。そして、その中で生まれたさまざまな、後に科学的と呼ばれる知恵を生んだのである。

農民一人の可耕面積は、今も昔も一反半《いったんはん》

日本の畳一枚の大きさは、一般に横三尺、縦六尺だが、これは日本人が生活する最小限の大きさである。禅寺の修行では、この畳一枚を一人の修行僧の生活空間としているが、一般の家屋の人間が往来する空間も横三尺、縦六尺。これだけあれば楽に通り抜けられる。武家造りの家屋の場合には、田舎間《いなかま》のやや小さい畳に対して、正味六尺、三尺の京間《きようま》になっている。これは武具をつけて通り抜けたり、走り抜けたりするのに必要な最低条件である。

このように、人間はそれぞれ自分の身体や能力に合った尺度を考えるものである。

日本人が一人で耕作できる水田面積を決めたのは、一般には、大化改新《たいかのかいしん》（六四五年）における班田収授法《はんでんしゆうじゆのほう》だとされている。これによると、口分田《くぶんでん》の一口分、つまり、一人の可耕面積（代《しろ》）は二段《たん》（反）、近畿と関東では、面積が少し異なるが、現在の尺度でいえば四、五百坪であるということになっている。だが、私は以前から、これは大化改新によって、急に定められたものではなく、それ以前、稲作農耕が定着して以来、習慣法としてあったものだと主張していた。大化改新の田制面積は改新ではなくて、単に、それまであった習慣法を成文法にしただけのことであるというわけだ。これはまだ多くの学者先輩に信じてもらえない自説だが、理由は簡単である。

弥生《やよい》時代以来、単純な農耕具を使って、土を起こしたり、手で苗を植えたりする作業が、一人の人間でできる、いわゆる可耕面積というものにはおのずと限界があるはずである。これは稲の品種、あるいは農耕具に革命的なことが起こらないかぎり、自然に定まっていくものだ。実際に、弥生時代から明治、大正時代まで、日本人の可耕面積は四、五百坪で安定していた。

これは大化改新にしろ、何にしろ、外部から強制されて急激に変えることができるというものではない、というのが根拠のひとつである。

さらに、大化改新が手本としたという唐の均田法《きんでんほう》の口分田は、八百坪から千坪である。これは畑で、中国人の場合の一人の可耕面積だろう。だからといって、日本の水田にそれを適用するのは実際上、不可能だったから、法の形式は同じでも、口分田の単位が違ったのだ、と理解するほうが無理がないと思うのだが、これも信じてもらえなかった。

そんなとき、登呂遺跡《とろいせき》が発見された。発掘をすすめていると、当時の水田の単位が、やはり四、五百坪だとわかったのである。一般にはこの登呂遺跡のそれと、班田収授法のそれが一致していることが問題になったが、私にはごく当然のことで、ただ、人に認めてもらえないまでも、自説がそういう形で証明されたことが興味深かった。

ただ、ここで私が言いたいことは、自説の当否ではなく、そういう具合に、自然にそって考えていくと、いろんなことがわかるということである。

一人の可耕面積が、四、五百坪というのが日本の水田農耕の自然な姿だったとすると、家族五人なら、二千坪から二千五百坪。これを逆にいうと、ある時代の耕作面積を見ると、その広さから当時の人口を推定できるということだ。

日本の水田が、東のほうにどんどん拡がるというのは、農耕人口の増加を示しているわけだ。

基本尺度は聖徳太子《しょうとくたいし》の考案による

狩猟《しゅりょう》民族というのは、天産物を採取する生活だから、その天産物の収穫量が人口を決定する。したがって、人口の増減は自然まかせである。水田農耕をやると、いくら人口を殖《ふ》やしても、その分だけ水田を増していけばいいのだから、人口の増減は自《みずか》ら決定できる。稲作農耕をはじめてから、日本人の人口は爆発的に殖える。石器時代を二百万人とすると、農耕社会に入って五百万に激増する。奈良時代にはすでに二千万人近くになり、中世以後は四千万人内外で、それが明治維新まで続く。

これは、日本の沖積《ちゅうせき》平野の面積限界が、四千万の人口をささえる米の生産と並行しているからである。それが今日では、農機具、農薬の発達や食糧輸入で、一挙に一億二千万になった。もし、西洋文明の刺激と食糧輸入がないと、おそらく今日の日本で、もっとも適量な人口は、五、六千万人であろう。

それが工業国になり、工業生産物で外国の米や農作物を買えるから、一億二千万人が生活できるわけだが、これは大変な危険性をはらんだ人口密度であるとともに、明治維新以後の日本は、まったく新しい文化を作っていると考えていいだろう。

日本の〝一反《たん》・一畝《せ》〟という単位は、中国の周《しゅう》の時代の尺度で、それが大化改新のときに採用されたものである。この六尺が一間、六尺平方を一坪として三十坪が一畝、その十倍が一反。この尺度以前には朝鮮の〝高麗《こま》尺〟という物差《ものさし》を使っていた。

それを放逐して中国差しにしたのだが、この変革をどういう方法で伝えたかというと、当時の人は基準尺を作ったのである。

伝達に文字を使えない時代だし、今日のように常湿・常温の中に単位の原型を保存して、というわけにはいかないから、すぐにわかるように、一畝の面積の実物大のものを石で築いて造った。

要するに、三十坪の面積に石を積んで、土台を造ったのである。それを畝割《せわ》り壇《だん》というが、考案したのは聖徳太子で、その見本を置いたのは、太子誕生の〝橘寺《たちばなでら》〟である。これは今日でも残っていて、大化改新以後の日本の基準尺になったという。

もし、一畝を計りたければ、竹ざおや縄を持って行って、計って帰るわけである。

その畝割り壇を元にして、全国を計ったら条里制《じょうり》ができて、武蔵野の一畝も、大和《やまと》の一畝も同じになったのである。

あらゆるものを肥料にした稲作の技術

人間社会を発展的に構成していくためには、その社会に適合する基本的な尺度が必要である。それを早い時代に普及された知恵が、今日の日本の農業をつくる基礎になったことは間違いないだろう。

それが今日、農機具や肥料の発達によって大きく変わっている。人口も四千万から一億二千万人と約三倍になっている。千数百年間安定していた人口が、百年少しでこれだけの変化を見せたというのは、日本歴史にとっては未曾有《みぞう》の出来事である。

『播磨国風土記《はりまのくにふどき》』を読んでいると、「草敷き」という言葉が出てくる。草敷きは文字どおり、草を敷くことで、水田の中に緑の草を敷き込む――今日でいう窒素《ちっそ》肥料のことである。作物を作るには肥料が必要である。肥えた土地でないと、いい耕作物はできない。そこで、古代人は早くから肥料の工夫をこらしている。

緑の草は空中窒素を含んでいる――といっても、当時、そうした科学的な裏付けはないから、当然ながら、経験によってそれを知ったのだろう。

草敷きをやって、地面の中に窒素を残しておくと、炭化して堆肥《たいひ》になる。地味が高まる。日本の初期の肥料知識が、この『播磨国風土記』に出てくる植物の葉を敷き込むことであった。

それがもう少し進むと、今度は堆肥になる。

今日の堆肥は藁《わら》だけだが、昔は厩肥《きゅうひ》である。厩肥とは牛小屋や馬小屋の下に敷いてある敷き藁のことで、これには糞尿《ふんにょう》が入っているから、それを積んで半分腐蝕させる。それを水田の中に鋤《す》き込んでいく。

この方法は、すでに奈良時代以前に行なわれていた記録がある。

この厩肥と並行して行なわれたのが、動物の血である。血液とか肉類を埋める。海からイワシを獲《と》ってきて畑に入れて肥料にするといった動物肥料を知っていた。

さらに、海岸地方では、海草も肥料にしている。海草を採《と》ってきてよく洗い、海草の中の組織までは塩分が入っていないから、これを敷き込む。使われた海草はホンダワラである。これにはヨードが含まれているから、植物の繁殖にはひじょうに役に立つ。

こうした厩肥や動物肥料、さらに海草肥料の利用は、自然の恵みを最大限利用しようとした古代人の知恵の本質を、よく表わしている。

こうした肥料を使うと、地味は高まるが、結局、有機物を入れるのだから、今度は土地が酸性になってしまう。

土地の酸性度が高まると、害虫が発生するばかりでなく、植物の成長が遅くなる。かといって肥料を使わないと、土地が瘦《や》せる。ジレンマに立たされた古代人が、どうしたかというと、焼き畑農耕時代のアイデアを使った。

稲を収穫する際、今日のように根元から切らないで、穂だけを摘《つ》みとるわけだ。それを穂摘《ほづ》みという。今日も〝穂積〟という苗字《みようじ》があるが、これは稲の穂を摘む家というところからきたのだろう。

穂を摘むと藁《わら》が残る。これに火を放って焼く。すると藁灰になって、灰のアルカリ分、カルシウムが労せずして吸い込まれる。

これを年に一度やることで、土壌の酸性が中和されて、酸、アルカリのバランスがとれる。さらに害虫の駆逐《くちく》にもなるわけである。

この灰を田畑に入れる発想は、弥生《やよい》文化の時代からある知恵だが、西洋で酸性中和のために生石灰《せいせつかい》を発見したのは十七世紀ごろである。

日本の農耕のための知識が、いかに進んでいたかがわかるだろう。

バランスのとれた中性土壌だと、どんな肥料を入れても全部吸収するから、わずかな施肥でも効果があることを、古代人は科学的な知識としてでなく知っていた。優れた自然観察力の成果のひとつである。

収穫を飛躍的に高めた人糞《じんぷん》肥料

だが、当時は人糞肥料はまだ使われていなかった。古典に出てくる資料によると、〝人糞は肥料にしてはいけない〟となっている。

当時、田は人間に恵みを与えてくれる神聖な大地である。田は神さまである。神さまの頭に糞尿をまくのは、神を冒瀆《ぼうとく》するものだという発想があった。人糞は穢《けが》れだったからだ。

当時、人間の糞尿《ふんにょう》はどう処理されていたかというと、川に流していたのである。

この川に流していた人糞・尿を溜めて肥料に使おうということになったのは、鎌倉時代からである。

鎌倉幕府は武家政権である。武家政権というのは、権力を武力で維持するわけだから、大変な消耗政権である。戦争準備のため、防備のため、武器製造とか武力の拡充とか、城を築くとかの費用がひどくかさむ。いままで生産者だった人々が、武士という名の全面的な消費者になってしまったのである。それだけではなく、政権維持のため、労力を要し、それだけ農村労働力を削《けず》ることになる。

その費用は生産者である農民が負担する。搾取《さくしゅ》がひどくなって、生きていけない。

ギリギリまで追い込まれると、それこそ、神も仏もあるものかで、田は神聖だからといっていられなくなった。残っている肥料としては、自らの糞尿しかないからである。

その結果、厠《かわや》をやめて、これを水田に還元することにした。尿は藁を積んで振りかけて、腐らせてから田に鋤《す》き込む。人糞は藁の上に干して、天日で乾燥させてから鋤き込む。

鎌倉時代には、人糞の乾燥固形物を俵につめて、一俵いくらで売買した記録がある。

私は、これは人間の生んだ知恵とは呼びたくない気がする。むしろ、ショック現象のようなものだろう。が、いずれ、この新しい発見というか発明が、大変役に立った。

稲の一穂についたモミの数が、二百七十粒という途方もない多収穫の日本米が生まれたのは、この人間の糞尿肥料以後である。

地味が極端に高まって、世界一の米ができた。明治維新までの日本の米は、澱粉質の含有《がんゆう》量は世界一だし、一定面積の収穫量は小麦の二倍である。

人糞のおかげでひじょうに強いカロリーが入る。それをまたよく吸収させるために、水をつねに切らさないように入れる。水をたくさん入れると、稲はそれだけ水分をたくさん吸って、葉から蒸発させる。その葉面蒸発が強いほど、水と一緒に肥料を吸って稲はよく稔《みの》る。

こういう性格の穀物は米だけである。麦もとうもろこしも畑の作物である。水で栽培する穀物は吸水性が強く、水とともに肥料をよく摂取するから、したがって多収穫なのである。

これを知って、他の穀物に乗り換えずに稲作を守りつづけてきたのは、やはり日本人の生きた知恵だろう。

現代日本の稲作農業が世界水準を超えているのは、こうした古代人の知恵に乗っかっているからだ、と私は思う。

いずれにせよ、人糞の使用という鎌倉時代の農民の局面打開策によって、稲作農業はそのメリットを一段と高めたのである。

だが、その事実自体はショック現象かもしれないが、まったくの偶然ではない、と私は思う。それ以前に、草敷きを工夫し、海草や動物肥料、あるいは厩肥を使うといった努力の集積があったからこそ、生まれたアイデアなのだと思う。

2章　驚くべき〝自然順応〟の知恵

――それは、日本人の鋭い観察力がもたらした

なぜ、日本の城郭《じょうかく》だけが水で囲まれているのか

日本人の科学性について述べてきたが、それでは、このような科学性は、一体どこから生まれたものなのだろうか。その独創性と独想性は、誰に教えてもらったものなのだろうか。

私はそれを、日本人の自然に対する、するどい観察力がもたらしたものと考えている。

よく日本人は淡白だとか、粘《ねば》りがないとか言われるが、果たしてそうだろうか。淡白だったら、これほどまでの科学性を生みえただろうか。そうではなく、日本人は、実は粘着力に富む民族なのである。そして、その粘着性を育てたのが、日本の自然環境、風土であった。

世界の文明国を眺めても、日本ほど湿度の高い国はない。高温多湿の国に文明はない、とまで言われている。しかし、この民族は、にもかかわらず、すばらしい文化を育てた。自然と敵対することではなく、共存するという柔軟な発想を背景にして。

その代表的な自然対応の技術の基本が、水に対する知恵であった。

日本の城郭は高い石垣を築いて、その外側を水をたたえた堀で取り囲んである。今

日の皇居になっている江戸城の石垣が、水鳥の遊んでいる水面に影を落としている姿は、なかなか優雅で美しい。こうした江戸城や大阪城に代表される日本の築城形式はどこから来たのか。日本文化がさまざまな影響を受けた中国や朝鮮の城にも、平地にわざわざ堀を掘って水をめぐらせた形式のものはない。西洋の城には、一面が河や湖に接したものがあるが、これらは自然の地形を利用したものである。

堀をめぐらす目的は、当然のことだが、外部からの侵入を防ぐということにある。中国人が万里《ばんり》の長城《ちょうじょう》を築いたのも、西洋の城が垂直の壁を築いたのも、目的は同じである。だが、壁を築くのと、堀を掘るのでは、発想に相当の違いがある。

日本人が、石やレンガを築き上げる技術を持っていなかったからか。そうではない。日本の古代には、それこそ巨大な石を切って垂直にキチンと積みあげて造った、石舞台古墳《いしぶたいこふん》（奈良県）というものもあるし、城の石垣自体、高度の力学を利用して築いてあることからしても、壁を築く技術がなかったとはいえない。

もっと他の理由があるはずである。これが外国からの影響でないなら、堀を掘って水を引くという発想の原点が、日本人の歴史のどこかにあるはずだ。実はこうした疑問、たとえば、日本人はなぜ、タクワンを食べるかとか、なぜ、不美人のことをブスというか、なぜ、日本人だけ着物というものを創りあげたか、そうした疑問が数かぎりなくあって、誰も納得のいく答えを教えてくれないので、私は結局、自分で歴史を調べてみるほかない、と考えた。この堀と壁の違いも、そんな疑問のひとつだったのである。

古代人が絶対に住まなかった谷口《たにぐち》扇状地《せんじょうち》

その疑問を解くヒントを得たのは、実は、遺跡の発掘からである。長い間、発掘の仕事をしていると、あたりの地形や地質といったものから、どのあたりに遺跡がありそうか、大体の見当がつくようになる。

「うん、大体、このあたりだね」もちろん、これにはさまざまな資料があってのことだが、掘り始める前になって、あるとき、私の頭をよぎったのは、逆に〝絶対に古代人の住まなかった場所というのがあるのではないか〟ということだった。日本の古代の歴史が埋まっていないところだ。そう考えてみると、古代の遺跡というものは、たしかに、いわゆる〝天災〟を受けにくいところにあって、千年、二千年の歴史を生きぬいてきている。

そういう歴史のないところ、比較的、歴史の新しい集落のあるところ、それはどこか。私は石器時代以来、古墳時代、さらに中世の村落分布図を調べてみた。もちろん、この段階で、日本の城の堀の発想の原点が見つかる、と考えていたわけではないが、古代人たちが、住んだ形跡がないばかりでなく、神社仏閣《じんじゃぶっかく》を建てたという記録もないところが、一ヵ所あった。

それは地質学的に、〝谷口扇状地《たにぐちせんじょうち》〟と呼ばれる場所である。これは谷の出口から扇状に拡がった緩斜面の台地で、ひじょうに見晴しもよく、住むにはいちばん適しているように見える場所である。いうならば、古代人たちが一見好んで住みそうなところなのだ。

だが、地質学的にいうと、この谷口扇状地はひじょうに危険な場所である。軟らかい基礎地盤の土に表層土壌が乗っていて、地すべりを起こしやすいのである。水のもたらす災害で、地震のようにいきなり人を襲うものに〝鉄砲水〟というのがあるが、これが山崩れをともないながら襲ってくるのが、この谷口扇状地である。

台風シーズンになると、集中豪雨、山崩れで、家屋倒壊といった記事がよく出る。昭和四十九年五月の伊豆地震でも、いちばんの被害を受けたのがこの谷口扇状地で、古代人はその恐ろしさをよく知っていたのか、この見晴しのいい場所に絶対に住んでいない。

ところが、この谷口扇状地は、山間部と平野部の接点であり、海と山との中間点である。お互いの物産を交換し合う〝市《いち》〟を開くには最適の場所である。はじめは五日市とか、十日市とか、日を決めて市を開いていたが、交易が盛んになると、ここに定着して市を開いたほうが便利である。この危険な土地に、どうしても集落を作らねばならない。

見張り台と武器庫を兼ねた矢倉《やぐら》

そこで、私たちの祖先はどうしたか。まず集落の周《まわ》りに堀を掘ったのである。もし、鉄砲水が出ても山崩れが起きても、その堀にエネルギーを吸収させ、周りに分散させてしまおうと考えたわけだ。

つまり、谷口扇状地に住まなければならないという要請が、集落の周りに池をめぐらせた〝環湟《かんこう》集落〟を生んだのである。

三重県の伊賀の国とか、奈良県を中心として大阪府、兵庫県には、二百あまりの環湟集落が今日でも残っている。

この環湟集落は、日本の城と同じように、周囲に水をはった溝があることから、一般には、泥棒や外部からの攻撃に対する防衛集落である、と考えられている。だが、そのために壁をめぐらせるのでなく、水をめぐらせることになったのは、実は、人や動物から身を守るためという以前に、山崩れや鉄砲水といった自然災害から集落を守る、という要請から発想されたものに違いない。

自然災害から集落を守るために、池をめぐらせた結果、それが防衛施設の役割も果たすことがわかり、今度は、その発想を積極的に防衛手段として取り入れていったことが、世界に類を見ない日本の城郭築城法へと発展していく基盤だった、と見るべきだろう。

しかも、日本は地震の多い国である。高い壁を築いても、いつ崩れるかわからない。防備をする側にしてみると、一瞬のスキも許せないわけだから、壁を築くよりも、水をめぐらせるほうが日本の自然に適応している。

戦国時代の武将は、谷口扇状地に生まれた環湟集落にヒントを得て、平地城を築き、周りに堀をめぐらす。これはまったくオリジナルな日本人の知恵である。

平地城の唯一の弱点は、高い壁と違って、遠方への見通しが利《き》かないことだ。そこで見張り台が必要になる。しかも、敵を発見するとすぐ防衛しなければならないから、武具が近くに必要である。日本で見張り台のことを〝矢倉〟というのは、矢を収める倉が見張り台を兼用する戦国時代の築城の発想からきている。

こうして、周囲に堀をめぐらせ、矢倉を配置し、中央に高い天守閣をのせると、日本特有の美しい城郭形式になる。古代人の水への対応の知恵が、環湟集落を生み、それが日本の築城、いいかえれば、自然への対応形式の発想の原点となったのである。

なぜ、紀貫之《きのつらゆき》は大坂から京都まで二十日近くかかったのか？

日本の古代人にとって、水は鉄砲水のように恐ろしいものだったが、同時に、生きていくための最大の味方でもあった。とくに稲作農耕をするようになってからは、水というものの性格をよく見きわめて、最大限にこれを利用するさまざまな知恵を生んでいく。

そのひとつが水上交通路である。

『土佐日記』は、平安時代に書かれた日本で最初の仮名文字《かなもじ》日記である。これは、土佐の国守《こくしゅ》（いまでいうと県知事）だった紀貫之《きのつらゆき》が、土佐の国から京都へ帰るまでの紀行文だが、これを読んでいると、ひじょうに興味深いことがある。土佐から大坂までの海の上の旅は順調に来ているが、私が気になったのは、大坂から京都までに二十日近くも日数を要していることだ。

なぜ、大坂・京都間に二十日間もかかったか？　当時の大坂周辺は低湿地帯が多く、葦《あし》がたくさん生えていて、その中に今日の大阪市のマークになっている道路標識が立っていた。これが葦の背丈が高いためによく見えない。そのためにあっちで迷い、こっちで間違って、やっと淀川を見つけて京都へ帰ったとある。だから、二十日もかかってしまったのは、葦のせいであるという。だが、これは同時に、平安時代の大坂付近には、それほど迷うくらいに、水上交通路になった河川が発達していた、と見るべきだと思う。

関東でも茨城県の水郷《すいごう》と呼ばれる稲作地帯、あるいは東海道から近畿地方の水田地帯では、村と村との交通は、灌漑《かんがい》用水路を利用した水上交通に依存していた、という事実がある。

量のかさむものや重いものを移動するには、陸路よりも水路を利用したのだろう。

こう考えて、はじめて納得がいくような、いくつかの歴史的な事実がある。

古墳時代の巨大な石や、奈良時代から平安時代にかけて数多く造られた寺院の礎石や建材は、どこから、どうやって運んできたのか。これも日本の歴史の謎のひとつだが、それをうかがい知る手懸《てがか》りが、ひとつだけ見つかった。

藤原宮《ふじわらのみや》の用材はほとんど水上を運ばれた

それは、奈良盆地の大和三山《やまとさんざん》、つまり香具山《かぐやま》、耳成山《みみなしやま》、畝火山《うねびやま》（畝傍山）の中央に規模壮大な新都城の造営を進めていたときの資料である。この新都が、六九二年に完成した、持統《じとう》女帝による藤原宮である。

当時の造営記録は残っていないが、『万葉集』に詠《よ》まれているいくつかの歌を総合してみると、驚くべきことに、ほとんど陸上運搬はしていないのである。

『万葉集』巻一に、「藤原宮の役《えだち》の民《たみ》の作る歌」という長歌がある。それによれば、近江国田上郡《おうみのくにたがみ》（滋賀《しが》県石山《いしやま》の付近）で伐《き》り出された〝真木《まき》の嬬手《つまで》（檜《ひのき》の角材）〟は、宇治川を流され、泉の河（木津《きづ》川）まで運ばれ、さらに今度は木津川を逆に引きあげられていったとある。

其《そ》を取ると　さわく御民《みたみ》も　家忘れ　身もたな知らず　鴨《かも》じもの　水に浮きいて
……　泉の河に持ち越せる　真木の嬬手《つまで》を　百足《た》らず　筏《いかだ》に作り　泝《のぼ》すらむ……

これがその歌である。そして、この用材は、木津川を引きあげられ、奈良坂に陸揚げされる。奈良坂の低い所を越えると、佐保《さほ》川に入れて流され、大和川の本流に入る。その大和川の本流をもう一度さかのぼらされ、飛鳥《あすか》川にいよいよ入るのである。飛鳥川は藤原京のすぐそばを流れる川である。こうして滋賀県で産出された造営の用材は、わずかに奈良坂だけが陸路で、あとは楽な水上を飛鳥まで運ばれたのである。当時の水上交通が、いかに発達していたかを知る手懸りといえよう。そして同時に、これは当時、村落と村落、生産と消費と人を結ぶのに、いかに水を上手に利用していたかという証拠だろう。

古代人の便所は水洗式であった

紀貫之が迷った、大坂付近の網の目のような河川の発達があってこそ、巨大な古墳の石や、寺院の礎石や木材が運搬できたのだろう。しかも、これらの水路は、生活用水であり、稲作の灌漑《かんがい》用水でもあった。古代人は、今日の私たちよりも、多角的に水を利用していたと考えていい。

『万葉集』巻十六に、

香塗《こうぬ》れる塔になよりそ川くまの
くそふな喰《は》める痛き女《め》やつこ

という歌がある。あの人は糞尿を食っているフナを食べている汚らしい女だ、というような、相手の女をののしった歌である。

この歌から読みとれるのは、古代人の便所は水洗式だったということである。すべてがそうであったということではないが、川の上に便所を造っていたという証拠とはいえよう。

現在でも、便所のことを厠《かわや》、すなわち〝川家《かわや》〟と呼んでいるが、それはこの名残りであろう。

便所が川の上にあったということは、日本の古代文化に、南方の水上生活も入っていたということになる。一般に認められた説ではないが、奈良県の橿原《かしはら》遺跡にもそれらしい証拠はいくつかあった。つまり、半島状に陸地が突出した部分の付近、ふだん水上であったと考えられるところに、杭《くい》が打ってあるのである。その杭の上に、住居があったとしても不思議はないだろう。

しかし、この〝フナを食う女〟の歌の一首を資料に、日本人が水上生活を営んでいた、とするのは早計で、今後の確認を待たなければならないが、橿原遺跡のことも含めて、まず間違いないことだろうと思う。

いずれにせよ、古代人たちは、水田農耕を営むようになってから、住居を水の近くにかまえるようになり、そこから、今日も残っている、いろいろな工夫や生活の知恵を生んでいる。

水辺に住むと、どうしても土壌が湿っていて、湿度が高い。湿度が高いと、単に不快であるばかりでなく、雑菌が繁殖しやすく、健康によくない。

その対策として考えられたのが、水上住居とはいかないまでも、それに似た高床式《たかゆか》の住居で、今日の日本建築の原型である。高床式住居は、稲作農耕の倉として入ってきたが、南方住居がヒントになって、日本の自然に適応するように造り上げたものらしい。

床を高くするのは、床下に風を通して、水や湿気が生活空間に影響をおよぼさない工夫である。西洋では一般に、路面が床面と同じ高さである。しかも、日本の古代人は、単に床を高くしただけでない。日本の気候は、一年中の湿度や温度の差が極端で、この差がそのまま住居の中に持ち込まれると、とても快適とはいえない。室内を常湿常温に保っていたい。湿度の高いときは湿気を吸い、湿度の低いときには逆に吐き出してくれる、一種のエア・コンディショナーが必要になってくる。そのエア・コンディショナーが、日本の泥壁《どろかべ》や土壁《つちかべ》である。泥や漆喰《しっくい》の壁は、湿気が高いときは湿気を吸い、低いときは吐き出す。したがって、部屋の中は常湿に保たれることになる。

その完成した姿が土蔵《どぞう》である。蔵の中の貯蔵物が長持ちするのは、暗くして光線による変質を防いだうえで、湿度を泥壁によってコンスタントに保つからである。

驚くべき校倉造《あぜくらづく》りの貯蔵法

稲作とともに始まった、日本人の水との生活。そして高い湿気との闘い。それらが見事に日本の風土と相俟《あいま》って定着したのが、東大寺の正倉院《しょうそういん》で有名な、校倉造《あぜくらづく》りの建築法である。

正倉院は、八世紀の中頃に建立《こんりゅう》された高床・校倉造りの倉である。そして、正倉院御物《ぎょぶつ》として有名な一万数千点の宝物は、千二百年経《た》った今日まで、完全な形で残されている。まさに驚くべき貯蔵技術である。

そしてその秘密が、室内を常湿に保《たも》つという校倉造りの技法であった。

校倉造りというのは、三角形（台形もある）の断面を持つ材木を横に組み、一段一段組み上げていく建築法である。

高床式であるため、土からの直接の熱を避け、さらに校倉の材が、気候によって伸縮するので、室内の湿度がほぼ一定に保たれるのである。泥壁や土壁に匹敵する秀れた建築技術といえるだろう。

床を高くし、泥壁を考案したうえに、日本人は、もうひとつの知恵を加えた。それが日本の座敷である。

畳もやはり壁同様に呼吸している。つまり、日本の家屋は、家全体が呼吸しているといっていい。柱も床板も壁も畳も、雨の多い季節には膨張《ぼうちょう》して外と内とをピッタリ遮断《しゃだん》し、壁や畳は室内の湿気を吸い、乾燥してくると、その湿気を吐き出して外より湿度を高くする。私が日本の家屋は生きているというのは、こういうことである。

平安時代に水虫《みずむし》はなかった

水田農耕と湿気の多い風土という条件の中で生まれた、日本特有のものは数多くあるが、その典型のひとつが〝下駄《げた》〟である。

下駄は、元来は〝田下駄《たげた》〟といって、深い水田に入るとき、体が沈まないために発想されたものだ。それが陸で歩くとなると、鼻緒《はなお》がすぐ切れてしまう。そこで裏に回った鼻緒の端を守るために歯をつけた。下駄は足全体が開放されているから当然、通気性がいい。だが、欠点は傾斜の強い場所、たとえば山登りのときなどは、二本歯では平衡《へいこう》が保ちにくい。

そこで考案されたのが、牛若丸《うしわかまる》が履《は》いていた一本歯の下駄である。山岳用一本歯下駄とでもいうか、これはどんな斜面でも足の平衡が保てて、実に歩きやすい。さらに浜下駄《はまげた》という傑作がある。これは太い竹を二つに割って鼻緒をすげたものだが、足を乗せる所が曲面になっている。材質が竹で、つるつるした曲面だから砂が乗らなくて、砂浜を歩くのに具合がいい。砂浜用だから浜下駄で、のちの駒下駄《こまげた》の原型である。

水田の中を歩く田下駄が、湿気の多い路面を歩く二本歯の下駄になり、山岳用や砂浜用の下駄を生んでいき、さらにさまざまな形の下駄を生んで、その名称だけでも百数十種におよぶ。

平安時代に書かれた『病草紙《やまいぞうし》』という本がある。当時の病気について記述したものだが、この中に「水虫」が出てこない。水虫が拡がり出したのは、軍隊が、いま私たちが履いているような〝洋靴〟を履き出してからである。西洋の靴は、わずか百年くらいの間に、日本史上になかった水虫という病気を、私たちに馴染《なじ》みぶかいものにしてしまったのである。

西洋の靴は、北方系の遊牧民族だったゲルマン民族が、ヨーロッパを征服したときに、同時にもたらしたもので、それ以前のローマ、ギリシャにはない。洋靴は通気性よりも保温性を重視したもので、寒い風土の生んだものである。日本のような湿気の多い風土には合わないのである。

通気性がないから足が密閉される。密閉されると汗が逃げない。西洋人が他人の家を訪問した際、靴を脱《ぬ》がないのは、脱ぐ必要がないという風習以外に、足が蒸《む》れて臭くなっているからだ、という話を聞いたことがあるが、それほどでたらめな作り話ではないだろう。

乾燥して寒い所ですら、そうなのだから、日本のような風土ではなおさらで、結果として水虫の薬がよく売れるようになったのである。

日本の履物《はきもの》は、先述した下駄、それにわらじが代表的なものだが、靴がなかったわけではない。洋靴とは少し違うが〝ツナヌキ〟という立派な靴があった。ツナヌキは猪《いのしし》の毛皮で出来ていて浅い。浅くて脱げやすいから、底からぐるぐると綱《つな》を巻いてくくってある。だから〝ツナヌキ〟と名付けられたのだが、浅く作ってあるのは、通気性を第一に考えたからだ。この靴は、今日でも地方の農村に行くと生きている。猪の皮の毛がそのままついているからカッコ悪いというが、毛が生えているのは必要があってのことである。毛があるために水の中につかっても、撥水性があって水びたしにならない。水が浸透しにくい。今日の靴はなめし革だから、水につかるとすぐ、革が水を吸ってふやけてしまう。

毛の生えた靴だと、にかわ分が残っているから水は浸透しない。しかも、保温性が強いから暖かい。そのうえ、このツナヌキの中に藁《わら》を詰めたり、唐辛子《とうがらし》を入れたりして履く。唐辛子はビタミンAだから、足を入れて摩擦すると、発熱がよく、さらに暖かくなる。自動車にヒーターがついていないころ、タクシーの運転手さんは、これをやっていたと聞くが、日本人は案外、発想が自由で科学的だと思う。いずれ私たちの祖先は、通気性と同時に保温性を兼ねた靴を持っていたのだ。ただ、それを私たちは、西洋の価値を基準にした尺度で物ごとを計るから、伝統的革靴に毛が生えていると笑うのである。奈良県では、今日でも正月市《いち》に、この伝統的毛皮靴が売られているが、これが姿を消してしまうのも、そう遠いことではないかもしれない。

そうなると、平安時代末期の武者絵や、楠木正成《くすのきまさしげ》の古い絵本の中でしか、もうツナヌキにはお目にかかれなくなるだろう。

蓑《みの》は日本の風土に適したレインコート

わらじは東南アジアに共通のもので、サンダルと同系のものである。このわらじが、足の指先を鼻緒にひっかけるだけの草履《ぞうり》になり、これが洋靴と出会ったときに、鼻緒つきスリッパを考案させたのである。あの洋靴のかかとの部分を捨てて、先だけを残したスリッパは、日本人が和洋折衷《わようせっちゅう》の家屋を造ったときに、同時に生んだ日本人の知恵である。

わらじは日本では足にくくりつけて、これを〝沓《くつ》〟と呼んだ。日本には、ブーツの発想は中国文化をまねた公家《くげ》以外では、ただ雪靴があるだけである。雪靴の材質は乾燥した藁で、軽いうえに、断熱性が強く、通気性もある。雪の上を歩くには、もっとも適した履物《はきもの》である。

日本人は、それぞれの使用目的や自然の条件に対応して下駄、わらじ、草履、ツナヌキ、雪靴と、さまざまな履物を作りあげてきた。

生活の知恵というのは、その根底において、ひじょうに高度な科学性をそなえているものだが、そのもうひとつの代表に蓑《みの》がある。

日本は雨が多く、雨が降るとさらに湿度が高くなる。これに対応して出来たのが蓑だ。

西洋のレインコートの元は、獣《けもの》の皮である。皮には通気性はほとんどない。日本では、第二次世界大戦が終わるころまで、線路工夫に蓑を支給していた。これを見た外国人が、

「蓑なんて東南アジアにしか残っていないのに、日本の、いやしくも文明機関である列車の工夫が、蓑を着て線路を叩くなんて……」

と笑った。そこで、政府はゴムのレインコートを支給することにした、というエピ

ソードがある。

だが、その結果、ゴム長にゴムのレインコートでは、労働が十五分以上続かない。それが蓑だとさほど苦しくなく二時間ぐらいは、継続労働に耐える。乾燥した草できた蓑は、雨の中でも十分に風を通すし、しかも、雨を中まで通さないという、労働用のレインコートとしては理想的なものなのだ。今日でも、まだ蓑に替わるほどのすぐれたレインコートは、出来ていないのである。

私は、日本のような湿気の多い国のためにも、通気性という観点からいま一度、グラス（草の）レインコートを考え直してみる必要があるように思う。

なぜ、タクワンがすぐれた消化促進食品なのか？

こうしてみると、私たちの祖先が、水と湿気の多い自然に適応するために、どんなに多くの知恵を生んできたかがわかるが、見方をかえると、逆に、この湿度が高いという風土を積極的に利用しているということでもある。

湿気が高いと物が腐《くさ》りやすい。腐るということは、発酵するということである。分解、発酵して最後に酸化する。この発酵という過程を応用した食品がひじょうに発達するのである。

味噌、醤油《しょうゆ》、日本酒、塩辛《しおから》類と、日本は世界でもっとも発酵食品を食べる国である。

先にも述べたが、日本酒はまず米の澱粉《でんぷん》を糀《こうじ》菌で糖化させておいて、次にイースト菌を加えてアルコール化するという二重工程を経て作る。

動物蛋白《たんぱく》を発酵させて、塩辛を作る。今日の鮨《すし》は生《なま》のままで食べるが、元来はいわゆる熟酢《なれずし》といい、ご飯に入れて腐らせた鮨だった。動物蛋白は発酵させすぎると腐ってしまうから、食塩を使って発酵を途中で止める。それが塩辛だ。今日では塩辛類は少ないが、昔は鹿の肝臓、あわびの内臓、魚類の内臓、あみ、いか、何でも塩辛にして保存しながら食料にした。

さらに〝くさびしお〟と、私は言っているが、野菜類、これを漬物《つけもの》にする。漬物も元来はすべて発酵過程を経たものであった。

梅も、塩で漬けただけでは漬け梅である。それを一度、壺《つぼ》から出して天日《てんぴ》で干《ほ》す。そのときに空気中の酵母菌が入る。それをもう一度、漬けると柔らかくなって梅干になる。こうして、野菜ばかりでなく、スモモも杏《あんず》も漬物にした。

奈良に奈良漬という、瓜《うり》を漬けたものがあるが、今日でも東大寺の前では、スモモだけの漬物を売っている。

要するに、日本人は奈良時代には、すでに酵母菌の媒体による発酵作用を知っていて、それによって澱粉系のもので味噌、酒を、野菜類からは漬物を、生の肉や内臓からは塩辛を作っていたのである。

こうした発酵食品にはどんな利点があるかというと、まず食品の保存ということがひとつ。さらに栄養の問題がある。

「タクワンは犬の臭いがする、といって外国人が嫌うから、日本人ガイドはタクワンを仕事の前や途中には食べないように」といっていた時代があった。そのときに、「外国人が食べないタクワンを、日本人がどうして食べるのか」という疑問を私は持った。

当時は、食品にカロリーだとかビタミンだとかの近代栄養学の概念が入ってきて、従来の日本の食品、とくにタクワンなどは栄養学的には、まったく無価値で、ただ嗜《し》好《こう》品としての意味しか持っていないようにいわれていた。

これは、これから日本の歴史を学ぼうとしていた私には、いささか屈辱的に思えたことも事実である。そして一方では、この民族が千数百年の間、摂取しつづけたものが、何の価値もないということは考えられない、という確信もあった。

今日、タクワンは、秀れた発酵食品であり、消化促進に良い科学的な食品とされている。一般に、漬物というと、どうも食品価値がないように思われがちだが、それはあやまりで、漬物にはいろいろな雑菌、とくに酵素が多量に含まれているから、胃の中で、他の食品を消化分解する作用が強いのである。

タクワンは、古ければ古いほど質が良いとされる。古いといっても限度があって、せいぜい二、三十年をさかのぼらない。私は、元禄年間のタクワン、つまり三百年も前のものといわれるタクワンを食べたことがあるが、まったく切干大根のような味で、繊維ばかりのような気がした。

伝統食品には合理的なものが多い

こうした発酵食品の中で特異なものが、塩辛風に生肉を漬《つ》けたものから発明された、秋田料理の〝しょっつる〟である。

これは何が元かというと、〝うまみ〟である。うまみというのは発酵過程で生まれるもので、しかも実体は、成長酸とも言われているアミノ酸である。アミノ酸が欠乏すると、子どもの身体も成長しないし、脳の細胞分裂も進まない、といわれるくらい大切なものである。こうした科学分析を日本人は知らなかったが、実際には、おそらく世界でも珍しいくらい多量に、アミノ酸を摂取していた。

日本の農民の、ことに東北農民の食品は、西洋の近代栄養学からいうと、栄養の偏在が多い。

ある老食品学者が、「大学時代習った栄養学で日本料理を分析してみると、まず栄養のない、実につまらない食べ物ばかりで、いちばん栄養のあるのは、カレーライスくらいのものである」と書いていたが、だからといって、日本人が、世界の中で劣等民族であるというデータはない。実は、西洋の科学でいう栄養というものと、日本の場合は発想が違うのである。

西洋の場合は、まず、食べ物そのものにカロリーがないといけない、ビタミンがないといけないというように考える。日本の場合は、そういう理屈こそ知らなかったが、ビタミンやカロリーのあるものを、いかにしてカロリー分解して摂取するか、が先行していたのである。

それが発酵食品の発達でもあった。私たちは、発酵食品である味噌といっしょにお米を食べる。米自身は澱粉が多い食品で、近ごろは嫌われる傾向にあるが、米といっしょに食べた味噌のおかげで、カロリーがほとんど吸収されるだけでなく、それが体の中に入ってから変質し、大切なアミノ酸化するのである。1章で日の丸弁当の効用について述べたが、それと同じことが味噌についても言えるのである。

だから、案外、伝統的な日本食品というのは、高度な科学性を持っていたといえるのである。

多くの発酵食品を摂《と》って、澱粉とか糖分とかをアミノ酸化する知恵が、湿気が多いという条件の中で、科学としてではなかったが、生活の知恵として養われていたと思われる。

古代人は、こうして湿度の高さに対応して、衣食住、あるいは町づくりをやってきた。湿気を防ぎながら、日本の自然に対して敗北主義に陥《おちい》ることなく、一方ではそれを利用して、新しいものをつくるエネルギーに変えていく知恵があった。これが高湿度の文明国、日本の歴史なのである。

十二単《じゅうにひとえ》は贅沢《ぜいたく》から生まれたのではない

日本は温帯圏にあって、温度の急変が四季ごとに激しく起こる。それは温帯圏だからという理由ばかりでない。海流や風の関係で、一日のうちでも一〇度くらいの違いはざらにある。すると湿度ばかりでなく、この温度にも対応していかなければならない。

そこで暮らしていく知恵が、衣服の場合は「重《かさ》ね着《ぎ》」である。洋服は重ね着文化ではない。シャツと上衣の上にオーバーというぐあいに重ねていっても、せいぜい五、六枚が限度である。寒いからといって、背広を三着も着るわけではない。

日本の場合は、一番下に小袖《こそで》といって袖口の狭いものを着る。これが肌着で、女性はそれに袿《うちぎ》という名前のものを着る。それを何枚も重ねて着る。平安時代は、気候的には寒冷期だったらしく、儀式用だが、これを最大限、二十六着も着たという記録がある。すると、衣服の厚さだけで五寸五分、一六・五センチくらいになったらしい。

絵巻物に見るあの一見、華麗に見える女性たちのスタイルは、決して贅沢《ぜいたく》からではない。〝当時の人は贅沢だったんだなあ〟と言う人がいるが、そういう考え方は、歴史的な考え方ではない。〝当時は寒かったんだなあ〟と考えるほうが、はるかに自然である。私ら歴史学を学ぶ者でも、しばしば陥りやすいところだが、現代の感覚から歴史を見ると、どうしても本当の姿を見失いがちである。

動作が鈍《にぶ》くなるのを知りながらも、たくさんの着物を身にまとう、そして、そのほうが有効であったということ、ここに多湿と温度激変と共存するための古代人の知恵と、おどろくべき粘り強さを見る。この過程については、3章の〝着物〟の項でくわしく説明するが、ここではまず、その便利さを述べてみよう。

のちの時代になって綿を入れた着物も考え出されたが、まず最初は、同じものを何枚も重ねておくほうが便利である。微妙な気温の変化に応じて、一枚ずつ脱いだり着たりしていけばいいからだ。

その典型が袴《はかま》である。これは元来、ズボンとして中国から渡来したものである。ズボンのほうが寒さにはいい。ところが、寒い日ばかりではなく、暑い日もある。朝は涼しいが、日中になって酷《ひど》く暑くなったりするのが、日本の気候である。そこで、ズボンをあの幅広い袴に改良してしまうわけである。腰の両側に大きな三角形のマチという孔《あな》をあけて、ズボン内への通気孔をつくり、湿度や温度の高い日にも、暑くないような工夫をほどこしたのである。

日本の住居もまた〝重ね着〟と同じ発想である。西洋の場合はドアを閉めると、あとはもう一枚鎧戸《よろいど》があるぐらいである。外と内とを遮断するのは戸と壁である。日本の場合は雨戸という戸があり、障子《しょうじ》があり、唐紙《からかみ》がある。何段にも部屋を遮蔽《しゃへい》する。これは第一には温度に対応する知恵である。

日本の農家の古い家は、パッと開け放すと、家中一部屋になるほど壁がない。したがって、風がよく通る。そのくせ、仕切ろうと思えば雨戸、障子、内側は唐紙で細かく仕切れる。さらに、その中は屏風《びょうぶ》で仕切れる。平安時代の女性が周囲に屏風、あるいは几帳《きちょう》を回して火鉢に当たっている描写があるが、天井まで仕切らなくても、屏風だけで案外、暖かいものである。冬の寒い盛りのときなどは、枕元に枕屏風まで立てる。つまり、何重にも何重にも外側を遮断していくわけだ。そうして、暖かい時には全部、パタパタと小さくたたんでしまう。それが屏風で、これはアコーディオン・ドアの元祖のようなものである。日本でこれが発明されたのは、正倉院が東大寺に建てられたころ、およそ千二百年ほど昔である。

さらに前にも述べた障子という紙製品——日本紙は内外の湿度や温度を調節する作用があり、しかも保温性がひじょうに高い。紙一枚をかぶるほうが、ござ一枚かぶるより暖かい。

だから昔の人は、夏は通風性の強い蚊帳《かや》に入り、冬は紙帳《しちょう》に入って寝た。これには保温性と通気性がある。紙でできたかやである。形が蚊帳と同じだから、これを紙帳といった。この日本紙の保温性と通気性、それに強靭性《きょうじんせい》から、ついに紙子《かみこ》という紙の着物までつくる。

松尾芭蕉《まつおばしょう》は、紙子を持って『奥の細道』の旅に出たとある。こうして、何枚も〝重ね着〟して不用なときには簡単に片付けられるというシステムの発想は、やはり日本に明確な四季があり、一日の温湿度差も激しいという風土に、うまく適応して生まれた知恵だろう。

この〝重ね着〟の着想は、単なる温度の変化という自然への対応では終わらず、日本人の精神性にまで深い影響をおよぼし、異質な文化を受けとめるときの、日本人特有の姿勢にまで発展していくのである。

飢饉《ききん》用の食料として植えられた彼岸花《ひがんばな》

自然のもたらす災害の中で、一番恐ろしいのは、旱魃《かんばつ》や冷害による飢饉《ききん》である。人間社会の完成度というものは、こうした自然災害に対して、長期的な防備がどれだけ完成しているか、ということがひとつの尺度になるだろう。たった今、豊かな生活を営《いとな》んでいるとしても、一、二年の飢饉に対する備えがないとすれば、それは〝豊かな社会〟とはいえない。

飢饉といえば、まず食糧問題である。私たちの祖先は、何度かそれを経験しているが、当然のことながら、彼らも食品保存をつねに考えていた。私たちの場合、食品保存といえば、まず罐詰《かんづめ》や乾燥食品が頭に浮かぶ。しかし、祖先たちはまず塩蔵食品を考えた。塩は細胞の中の水分を吸収する。

生魚に塩をかけて水分を取り、蛋白と繊維質だけを残して保存する。燻製《くんせい》という方法も知っていた。今日でも残っているものに「信玄味噌《しんげんみそ》」がある。これは味噌を固く作って草鞋《わらじ》状にし、囲炉裏《いろり》やカマドのある部屋の天井に吊るしておく。すると、コールタールがつく。塩蔵されたうえにコールタールによる保存が加わるから、ひじょうに長期の保存に耐える。武田信玄が死んで約四百年だが、この信玄味噌は今日でも十分、食べられる。大豆《だいず》の蛋白と食塩とを四百年もの間、保存することは罐詰でも不可能だろう。

だが、私たちの祖先はこれだけの備えでは満足しない。用心に用心を重ねて、建築用材の中に食品を塗り込んでいる。土壁を作るときに入れる藁《わら》である。藁の根元のほうを三センチぐらいの長さに切って、泥と混ぜて壁に塗り込めておく。

さて、飢饉になった。塩蔵食品や燻製《くんせい》食品や漬物も底をついてくると、壁を崩して藁を水洗いし、その藁をつぶしてもう一度、汁のように煎《せん》じて飲む。そうすると、澱粉が摂《と》れる。

米そのものの保存では、籾《もみ》の状態にしておいてもせいぜい十年、米だと三、四年で栄養価は半減する。藁の根元近くには米の七、八パーセントぐらいの澱粉質があり、これは百年、二百年の保存に耐えるのだ。それを彼らは知っていたのだろう。

さらに芋《いも》ガラである。里芋の茎《くき》を編んで敷物状のものをつくり、細い竹を渡して天井に張る。通気性もあるし、保温力も強い。長い間には煙も通って燻製状になる。飢饉のときには、それを味噌汁に入れて食べた。

そのほかに、ご飯にまぜる増量材、たとえば大根葉、干し大根なども多くある。こうした増量材の種類ばかりをあげた書物まであるほどだ。この本によると、飢饉のときには何でも食べる。食べられないものはない、と言っているくらいである。

松の木の甘皮《あまかわ》。これには樹脂が多い。甘皮を粉にし、一度煮沸《しゃふつ》して、上に浮かんだものを摂取すると、澱粉が摂れる。本体の甘皮は〝松皮だんご〟といって、臼《うす》で搗《つ》いて、だんごにして食べる。松の皮のだんごだ。昆虫の幼虫も、もちろん食べる。

こうしたすべてを食べつくしたあと、最後に備えてあるのは〝彼岸花《ひがんばな》（曼珠沙華《まんじゅしゃげ》）〟である。

墓地や田舎の川岸などに咲く彼岸花は、毒だと教えられている。だが、彼岸花は、本来は渡来植物で、雄株《おかぶ》は日本の酸性土壌に適応せず、雌株《めかぶ》だけが残った。彼岸花は球根だから、タンポポのように遠方に殖《ふ》えることはない。十年間で一メートルぐらいしか自分の領分を殖やすことはできない。だから、あの彼岸花は、墓地や川の土手に勝手に生《は》えているのではなく、遠く、祖先の誰かが飢饉のときを考えて植えたものである。その証拠に、道路や村落、墓地などの人間活動の周辺以外の純自然原野には、日本ではこの植物は見られない。そうして〝毒だから触ってはいけない〟と言い伝えて、不慮の災害の日まで、すくすくと自然増殖できるような配慮をしておいたのである。

食用にするのはその球根である。これには、もちろんアルカロイド毒がある。だが、水に晒《さら》すと、溶解して無毒になる。そして、この球根には多量の澱粉質が含まれている。ただ、もともとが毒を含んでいる危険な食品なので、安易に食べたりはしないほうがよい。

彼岸花を食べつくすと、次は人間の肉しかない。秋の彼岸に咲くことのほかに、最後の最後の食品という意味で、〝彼岸花〟というのだろうか。

私たちの祖先は、深謀遠慮《しんぼうえんりよ》だったというか、案外、今日の私たちより利口だったのではあるまいか。こうして、自然との困難な戦いに勝ち抜いて、何千年かを生きのびてきたのである。

石垣の粗積《あらづ》みは計算された合理性

先にも述べたように、日本は自然災害の少なくない国である。地震、台風、津波——私たちの祖先は、こうした自然災害に対して知恵をしぼった。災害の予防と予知についてである。

まず、予防だが、地震については家屋の建築法である。日本の家屋は、地震を覚悟のうえで造られたものと考えていい。要約していえば、建てた直後から揺れるように出来ているのだ。

日本の建築は、木材をつなぐのにほとんどクギを使わない。穴をあけてホゾを差し込み、叩き込んでつなぐ。骨格自体を柔構造に組み立てておいて、建物の上部に重心を置き、さらに重い瓦《かわら》をのせる。

年月が経って、木材が乾燥してしまうから、継ぎ目にゆるみが出来て、そのゆるみがエネルギーを分解吸収してしまう。だから、激しく揺れるが、容易には倒壊しないのである。

これは、あまり地震の心配がない西洋のレンガ造りや、石造りの家屋と比較してみると、その構造の違いがよくわかるだろう。

1章のはじめに、日本の城郭技術として石垣を、力学の見地から述べたが、石垣もまた、西洋のそれとはずいぶん違う。日本の石垣は、すき間をあけて築いてある。西洋のそれは、きれいにびっしりと築いてある。

これは日本の技術が幼稚で、野蛮だからではない。わざわざ粗積《あらづ》みしてあるのだ。これは地震とか風、波といった外部からの力に、どう対応するか、という場合に、日本人と西洋人との間に発想の違いがあることを示している。

石垣を築く場合、西洋人はそれにかかる力を撥《は》ね返すだけ強力なものを築く。自然の力を征服しうるという自信があるからだろう。

日本人の場合、自然の力が人力を超えることをはじめから予測している。石垣を粗積みするのは水を抜くという利点もあるが、地震や波、風といった力が加わった場合に、それを撥ね返すことよりも、内部に吸収しながら、エネルギーを分散させることを考えるからである。

防風のための石垣は、四国の愛媛《えひめ》県に少しと、沖縄県にたくさんある。割石や珊瑚《さんご》礁《しょう》を割って、一見、無造作に積みあげてある。強い風が来た場合、風圧の七割近くが石垣の間に吸われてしまう。だが、防がなければならないだけの風圧は、あれで十分防げるのだ。

日本の家屋が、もともと柔構造に造られているのと同じ発想である。

これは西洋の合理精神に対して、日本の〝非合理の合理精神〟と呼ばれる知恵の典型である。〝備《そな》えあれば、憂《うれ》いなし〟のたとえどおり、自然災害に対してもっとも有効な予防は、その災害を予知することである。予知していれば、被害を最小限に食いとめることができる。

今日でも、地震対策はなかなか困難なようだが、私たちの祖先はこれを地震エネルギーの分散といったサイエンスの力なしにやろうとした。だから、科学的とはいえないかもしれない。だが、今日にして思えば、科学的な根拠がまったくなかったともいえない。二、三の記録をあげてみよう。

柿本人麻呂《かきのもとのひとまろ》は川の音から嵐を予知した

丹後《たんご》の地震というのがあった。昭和のはじめに、丹後の天橋立《あまのはしだて》あたりにあった地震である。そのとき、そこに住んでいる漁師たちは、前日にこれを予知して、仕事を休み、舟を全部、引きあげておいたために、災害をまぬがれたという。これは新聞記事にもなった。

理由は、「浜がいつもより暖かった」というものである。地震は地下エネルギーの飽和点で起こるから、浜辺がいつもより暖かったとしても不思議ではない。

しかし、これはごく微妙な差であろう。その差を感知できるのは、日常からの観察のおかげだろう。自然に何か異常が起こるとき、自然の生き物たちは、何らかの形で、それを察知する。ヤマネズミは、地震の前には山から逃げ出す。ミミズも出てくる。これは、地熱、地磁気の異常と静電気を感知するからだろうといわれている。今日、私たちは、この微妙な反応を示す自然の生き物を駆逐《くちく》してしまったし、また、そうした第六感に近い観察能力も失ってしまったから、災害を予知する術《すべ》もない。私たちの祖先は、科学こそ知らなかったが、その基礎になる自然観察の能力においては、私たちをはるかに凌駕《りょうが》していたといえよう。

これは伝説だが、江戸時代に、三河の国（愛知県）にある名医がいたという。このエピソードはいささか奇妙だが、ある日、地震を予知した彼は、丘の上に登って、藁を燃やして、寺の鐘《かね》を叩いた。

村人たちは何ごとだろうと、丘の上に集まった。その直後に津波が襲って、全村の家屋が水にさらわれたが、村人たちは助かった。今日でも、その村に碑が立っているそうだ。

彼が予知した根拠は〝人間の脈〟だという。

彼は、人間の運命は自然と並行する、という自然哲学者で、その日に自分の脈をとっていて、三脈（左右の手と頸部）の異常を感じ、これを災害の前兆と信じたというのである。この伝説には、東洋の自然哲学観の誇張を感じるが、その真偽を問う前に、〝脈でわかった〟という彼の日常の誠実な医者としての生き方と、そこに育った観察力があったからこそ、このような話ができたと考えるべきだろう。

ネズミは火事を予知して、家から逃げ出すというが、日ごろネズミを観察していなければ、それを知ることはできない。モグラは、洪水の前には穴から出て高い所に逃げるという。今日では、それはモグラが温度の微妙な差や、静電気によって感知するのではないかといわれている。だから、洪水のあるなしにかかわらず、危険な状態になると逃げ出すわけである。穴の中で溺《おぼ》れたモグラとか、地震で押しつぶされたミミズという話は聞かない。溺れ、つぶされるのは人間だけである。

海の水位が急に下がる。毎日毎日、注意して海を見ている漁師《りょうし》にとって、これは大変な異常事態である。山に木を伐《き》りに行ったら、大量のモグラが移動している……。

こういったことから、天変地異を予知した人々の例は枚挙《まいきょ》にいとまがない。

ぬばたまの夜さり来《く》れば巻向《まきむく》の
川音高しも嵐かも疾《と》き

『万葉集』巻七にある柿本人麻呂《かきのもとのひとまろ》の歌である。

巻向川（奈良県）のほとりに住む恋人を訪ねたとき、川の音が高いので〝明日は嵐が来そうだから早く帰ろう〟というような意味の歌である。古代人たちは、天気予報というものを持たない代わりに、自分で自然を観察していたのだ。

江戸町内の防火はブロック方式だった

こうした自然現象を、もっと手近に観察しようという積極的な発想が、日本特有の〝庭園づくり〟である。

西洋の庭園と異なって、日本の庭園には、自然の樹木を植える。庭に植えておいた萩《はぎ》が例年より早く咲けば、その年は寒い年である。霜の害が来る前に早めに稲の取り入れをしなければならない、これが日本の庭園の発想である。『万葉集』に歌いこまれている〝紅葉が早く散った〟とか〝桜が時ならずして咲いている〟などは、例年と違う植物の状態で天候異変を予測した、生活不安の表現だと思われる。

池もそうである。池の水は大地の温度によく反応する。プランクトンの発生状態や、藻《も》の育ち方とか、色を見ていると、微妙な変化が察知できる。

こうした自然の異変を観察する場所が、日本の庭園や池の発想の原点の一つだった、と思う。

その代わり〝迷信〟も生まれた。たとえば、〝竹の花が咲くと飢饉《ききん》が来る〟といって恐れたという。これは竹が六十年に一度、花を咲かせて枯れてしまう植物だということを知らなかったためである。当時の人間の平均寿命は、三十年くらいである。竹の花の周期のほうが長かったから〝竹の花〟を正確に観察できなかったのであろう。

だが、彼らの観察の多くは当を得ていたし、現代人にくらべれば、彼らは自然現象を予知する力を持った一種の超能力者だったといえよう。

私たちの祖先が一番苦しんだ災害は、火事である。日本の建築は木造だから、火事の予防には自然災害の場合とはまた違った意味で、知恵をしぼらなければならなかった。

その結果が土蔵《どぞう》である。泥を使って熱を遮断する方法だ。

塗籠《ぬりごめ》から起こった土蔵の考案は大変な知恵で、地震、湿気、火事などに対する完全対応の建物である。日本の屋根は、木造のくせに上に厚く泥を塗って、しかも不燃性物質の瓦まで乗せてある。屋根からは火は移らない。壁も柱も泥で包めば大丈夫である。一番危ないのは軒裏《のきうら》である。ここに泥を塗り込めば完全防備である。それが土蔵だ。

倉庫が完全防備できると、この技術はやがて住宅、都市計画にまで応用される。

江戸の町は、表通りに面した家屋や商家は全部二階建てで、この塗籠蔵造り方式で作られた。屋根も本瓦葺《ぶ》きにしてある。このために、幕府は奨励金さえ出している。長屋の裏通りは板葺きだが、こうして町のブロックごとに防火帯を作った。これなら、もし一ブロックが焼けても表通りを越えて類焼することがない。

土蔵造りが生んだ知恵である。

それにもうひとつ、〝梲《うだち》〟というものを考案している。梲というのは、切妻《きりづま》式の家屋の両側に、屋根の上まで高く建てた泥壁のことである。

これを建てておくと、隣に火がうつらない。風が吹いても屋根が焼けない。奈良地方は、先述した環濠《かんこう》集落だから、家がくっついて建っている。その家と家の間に梲を高く建てて、防火壁にしたのである。当然のことだが、この梲が高ければ高いほど完全である。梲が低いと延焼の原因になる。そこで、梲を高くあげる才覚のない人のことを、〝ウダツ（梲）のあがらぬ奴だ〟という言い方で呼んだのである。

梲は、家屋密集地帯に生まれた知恵である。

だが、防火の知恵に対して、消火の知恵はあまり発達しなかった。つい最近まで、日本の消防の基本は、〝破壊消防〟法である。鳶口《とびぐち》は火を消す道具でなく、家を壊す道具である。カケヤという大型の槌《つち》もそうだ。燃え出したら仕方がないから、周りの家を壊して防火帯をつくる。そのための道具である。

武蔵坊弁慶《むさしぼうべんけい》の持っていた七つ道具は、そのための道具で、彼は消防士の元祖かもしれない。相撲《すもう》取りが、やはり昔の火消しである。力が強いから、柱に縄をかけて一気に引っぱって家をつぶす役割。講談で有名な〝め組の喧嘩《けんか》〟などのように、昔の物語に相撲取りと火消しの喧嘩がよく描かれているが、それは両者の間に縄張り争いのような利害の対立があったことを示唆《しさ》している。

破壊消防以前には〝泥かけ消防〟があった。砂や泥をかけて消す。私が専門の考古学の発掘で、古い住居を掘っていると、泥をかけて家ごとすっかり埋めたのに出会うことがある。つまり、木が蒸し焼きの状態になって、当時の家の構造がそっくり残っているわけだ。私たちにとっては、ありがたい資料である。

平安貴族はほとんど身体を洗わなかった

原始社会における病気の予防、治療は宗教行為と完全に分離していない。これは世界共通だろう。だが、時代を経《へ》るにつれて、日本のそれは、実にユニークな知恵に満ちてくる。

日本の場合、病気の予防、治療の出発点は、清冽《せいれつ》な地下水に恵まれたせいもあって、火と水にはじまる。

病気の予防は、まず〝みそぎ〟であった。水でそそぐから、〝水そそぎ〟。〝水とそそぎ〟が〝みそぎ〟に変化してできた言葉である。水をそそいで身体を洗うと、雑菌が落ちるばかりでなく、精神的にさっぱりする。それが第一段階。

次は火であぶるという行為。これは消毒である。熱で消毒することが、後にも述べるように、やがて焼却療法といって、患部を焼ごてや鉄片で焼き取る方法になる。日本では、メスで切る手術はあまりやっていないが、焼却療法は早くからやっている。

ユニークなのは「手のひら療法」を知っていたことだ。手のひらというのは、湿気と熱を発散するので、患部に当てると軽い温湿布になる。怪我《けが》をした場所や胃が痛い、あるいは炎症が起こっているところなどに手を当てると、温湿布が血の循環をよくして患部を治《なお》す。さらに、手のひらから肉体の静電気が発散して経絡《けいらく》を刺激し、ひじょうに有効な働きをする。一番、素朴で合理的な病気治療法が、この手のひらを当てることで、これを〝手当て〟というようになった。

手当てというのは、日本人の造語である。

「みそぎ」は、宗教的な行為以外に、やがて水浴、温水浴になって、日本人の健康に大きな役割を果たす。日本人ほど入浴の好きな民族はいないといわれるが、これはやはり湿気と関係が深いのだろう。私たちの祖先は、冷水浴を盛んにやっている。それも、庶民ほど水浴をやっていた。

それに対して、平安時代の貴族は水浴をほとんどやらない。天皇は、毎日夕方お湯《ゆ》殿《どの》の間《ま》で腰湯を使った。全身浴は当時はない。病気したときに、水蒸気風呂に入る以外は、庶民のように全身を洗うことはなかった。天皇にしてこの状態だったから、一般貴族となると、皮膚が汚くて臭い。こうして〝香《こう》〟が発達したのである。

『枕草子《まくらのそうし》』の中で、清少納言《せいしょうなごん》が、「ある貴人の襟《えり》のまわりの垢《あか》のうえの白粉《おしろい》が、まだらになって唐衣《からぎぬ》についているのが醜い……」と書いているが、それほど平安の貴族は身体を洗わなかった。そのうえ、十二単《ひとえ》のような重ね着である。食べ物にしても、ほとんどが乾燥食品で、栄養価が低い。さぞ短命であったと思われる。

富士川游《ふじかわゆう》氏の研究によると、当時の貴族の平均寿命は、女性が二十七歳、男性が三十二歳、死因も、肺結核が五四パーセント、脚気《かっけ》が二〇パーセント、皮膚病が一〇パーセントだったそうである。

当時、水浴がどんなに効果的な病気予防法だったかがわかるだろう。一方、庶民は、入浴もさかんにしたし、食品も自由に食べていたが、一般の衛生知識が低いのと、貧困だったので、健康ではあったが、必ずしも長命とは限らなかった。

科学的知識はなくても経験で知っていた

奈良時代のころ、中国から鍼灸《しんきゅう》の技術が輸入されて、日本の医術は飛躍的に発達をとげるが、日本人が真にユニークだったのは、やはり病気の予防法においてである。

梅が日本に入ってきたのは、奈良時代の少し前だが、この梅を入手すると、梅漬けを習い、やがて梅干を完成する。

梅干についてはすでに述べたが、そのほかに、梅干を黒焼きにしたものを烏梅《うばい》といって、この烏梅の発汗作用を利用して風邪薬にしていた。梅干を漬けるときに使う〝しその葉〟には解毒《げどく》作用がある。こうした梅の持っている薬物効果を知って、食品として常用したのである。

日本古来の食品には、梅干のように、薬用と食用の区別のつかないものが多い。食べ方もたくみに二つ以上の相反する性格を持った食品を配合することで、食事のバランスを取ってきた。バランスという栄養学的な知識がなかったはずだが、その効果だけは十分知っていたのであろう。

この、二つの相反する性格を持った食品の配合、という食事知識は、のちの懐石《かいせき》料理に至るまでの日本料理の原型である。つねに、酸性とアルカリ性とビタミンの各種、ヨード、蛋白、ミネラルをそろえている。それは、身体の中に入ってから有効な働きをするようにできている。

そういう意味で、日本人は、予防と健康のために、ずっと食餌《しょくじ》療法をしてきたともいえよう。

その好例が、こんにゃくと、ごぼうである。ごぼうは、本来は漢方療法で使われた。そのごぼうを、野菜のひとつとして食べるのは日本人だけである。第二次大戦中に、捕虜にごぼうを食べさせて〝残酷行為〟だと、のちに問題になったことがある。それほど欧米人には珍しい野菜である。ごぼうは、完全不消化食品で、食べても身体の中を通りすぎるだけである。何の栄養にもならない。しかし、その代わりに、体内を通り抜けるさいに、全身のコレステロール、無機水銀、ＰＣＢといった有毒物が全部吸収されて、排泄《はいせつ》されるのである。解毒作用というか、毒物排泄食品としては、ごぼうは最優秀食品である。

こんにゃくは、九八パーセントは水分で、あとは完全不消化の凝固した澱粉質と灰分が少し。カロリーはない。けれども、こんにゃくは、こんにゃくマンナンという薬物を含んでいて、このマンナンはコレステロール溶解剤である。今日、コレステロール溶解剤として売られているのは、合成マンナンである。合成されたものより、自然のものを食品として摂取するほうが効果的である。こんにゃくを小さいときから食べていることが、高血圧や血管炸裂《さくれつ》をどれほど防いでいるか、計りしれないだろう。

つねづね、私が〝ごぼうとこんにゃくを食べているかぎり、日本人は近代社会の中で最後まで生きのこれるだろう〟といってきた理由である。

日本人の発想は、科学を科学として分析しないで、総合的な経験として理解するだけだから、マンナンという言葉は知らない。けれども、食品についてはひじょうに科学的だった。ただ、経験を分析して公式化する必要がなかっただけである。

紫色の布が梅毒《ばいどく》を治した!?

このように、私たちがとかく見逃してしまうような伝統的な知恵は多い。その中で、梅毒《ばいどく》の治療法というユニークなものを紹介しよう。

吉原《よしわら》といえば、江戸の有名な色街であった。ここで述べるのは、そこに伝わる梅毒の治療法である。それによれば、まず糜爛《びらん》した患部に蜘蛛《くも》の巣を張れ、とある。まさか蜘蛛をつかまえてきて張らせるわけにはいかないから、朝のうちに新鮮な巣を取って、患部に押し当てたのだろう。つぎに、患部を蜘蛛の巣で包んだら、こんどは、紫色の布を巻け、とある。これで治る、というのである。

「蜘蛛の巣と紫の布で梅毒が治る⁉」――西洋の医学的知識に馴《な》れている私たちは、こういう不合理的なことを聞くと、どうしても信じようとしない。しかし私は、他人が何かを信じているとき、それが自分の知識と合わないものでも、迷信だとかウソだとかいって、片付けてしまわないようにしている。蜘蛛の巣と紫の色にしても、私は単なる迷信だとは考えず、その理由を私が知らないだけだ、と思っていた。

ところが、あるとき、歌舞伎《かぶき》の『助六所縁江戸桜《すけろくゆかりのえどざくら》』を見ていて思いついたことがある。助六が頭に紫の布を巻いて「私は頭痛持ちで、それでこうして紫の布で鉢巻をしているのだ」と説明する例の場面である。

鉢巻については、日本では特に意味を持っていて、力仕事をしたり、何か意を決して物事に当たるとき、鉢巻をすると自分の力以上のものが出る、という信仰がある。したがって助六の場合も、そうなのだろうと思って見ていた。

しかし気になったのは、助六がわざわざ〝紫の布〟とことわったことであった。しかも、助六の鉢巻は、まぎれもない〝病結び《やまいむすび》〟である。

これがヒントであった。病結びした紫の布に何の意味があるのだろうか、ということである。とりあえず、昔はどんな方法で、紫の布を染めたのかを調べてみた。それは紫根草《しこんそう》の根皮であった。小野蘭山《おのらんざん》が享和《きようわ》年間（一八〇一〜四）に完成した四十八巻の『本草綱目《ほんぞうこうもく》』を引けば、紫根草についての記述がある。

紫根草の皮を煎《せん》じ、これを染料にするとともに、薬用にも供した、とある。その薬物効果は、糜爛《びらん》した患部や傷口の治療になる、と記してあったのである。

今日の紫の染料は、紫根草ではないから、これを使っても何の効果もない。けれども、江戸時代の紫には、ちゃんと薬物効果があったのである。蜘蛛の巣は、患部が布に付着《ふちやく》しないためのガーゼみたいなもので、紫の染料が薬だったのである。

この方法で、本当に治ったかどうかは、データがないので分からないが、少なくとも、患部の対症治療としては、十分効果があったはずである。

五節句《せっく》は農業スケジュールに合わせて作られた

〝薬草〟というと、すべて中国から入ってきた知識のように錯覚されがちだが、そうではない。各民族が、生活習慣の中からそれぞれ体得していくものである。

たとえば、日本人が薬草についての知識を早くから知っていたと考えられるのは、〝春の七草《ななくさ》〟である。

セリ、ナズナ、ハコベラ、ホトケノザ、ゴギョウ、スズナ、スズシロ、これらはすべて、薬草であると知って、正月七日を七草の日として、これらをかゆなどに入れて食べていたのである。

先述したように、日本人は薬草を薬品か食品か区別できないほどに、食生活の中に混ぜ込んで摂取している。食生活がそのまま健康保持のための食餌療法であり、病気予防法だった。

だが、私たちの祖先はそれだけで終わらず、さらに健康体を維持するために、年中行事という形で、健康管理をスケジュール化していくのである。

それが〝五節句〟である。

一月一日――年の暮れに男の手を借りて餅を搗《つ》いて、年が明けると、正月休みという休養をとるわけだが、正月のおせち料理というのは、ふだんは食べない、高カロリーの動物蛋白だとか、先に述べたごぼうや、こんにゃくといった薬に近い野菜を食べて体力を整える。餅はひじょうに高カロリー食品だし、中国から来た屠蘇《とそ》は忍冬《にんどう》、甘草《かんぞう》、百合根《ゆりね》、桂皮《けいひ》、桔梗《ききよう》、茯苓《ぶくりよう》などの薬草が入っていて、これは血圧の低下や健胃、強心のための薬酒である。

これを健康のための科学とはいわず、魔を払う酒として飲むことを習慣づけるという知恵は、日本の古代人の独創的な発想である。屠蘇の屠は葬《ほうむ》るという意味で、蘇とは悪魔のこと、つまり屠蘇とは、悪魔を葬る酒という信仰をかぶせた薬なのである。

こうして、体力をつけて、一月七日の七草《ななくさ》には、ナズナやハコベラなどの解毒《げどく》性の強い薬草の粥《かゆ》を食べ、食べ過ぎや飲み過ぎなどによる胃腸の酷使を調整して、重労働の稲作開始に備《そな》える。それが正月である。

三月三日の桃の節句は、本来は桃の種の中にある胚乳《はいにゆう》を食べる節句で、杏仁湯《きようにんとう》を飲む。杏仁湯は血圧低下と強心健胃作用を持った薬である。これが後に、桃の花を活《い》ける風習になって残っているのである。

五月五日は菖蒲《しょうぶ》の節句で、これも菖蒲の根を干《ほ》して煎じたものを飲む節句だ。これも強壮解毒剤である。だから元来は、菖蒲のお風呂に入るというものではない。菖蒲はその発音がたまたま武を尊ぶ〝尚武《しょうぶ》〟と同じだから、男節句になり、女節句を三月に渡したのである。

七月七日——私は、五節句が稲作農耕のスケジュールに沿って作られた休養と保健のための年中行事であろう、と推測していたが、実は、七月七日だけが、何のための節句であるか、それを裏付ける資料をなかなか見つけることができなかった。

五節句の飲食物は、すべて薬品

七月七日は、ほおずき市が開かれる〝ほおずきの節句〟であることはわかったが、このほおずきが、何を意味するかわからなかった。

一般に、ほおずきの実《み》を食べてはいけないと、小さいときに教えられて、それが毒であることだけはわかっていた。

ところが、学生時代に『中条流秘伝《ちゅうじょうりゅうひでん》』を読んでいて、それがわかった。中条流というのは今日でいう堕胎《だたい》法だが、この中に、堕胎方法として、当時はほおずきの根を服用し、その煎汁《せんじゅう》で子宮口を洗滌《せんでき》することが書いてあった。それでやっとわかった。七月七日前後に女が妊娠していると、ちょうど秋の取り入れのころは、妊娠三、四ヵ月目で、いちばん苦しい時期である。その母体を保護するために、七月七日の節句にほおずきの根を服用して、早いうちに流産させておく。そういう母体保護のための節句だったのである。

九月九日は菊の節句で、菊という鉄分の多い植物の花を煎じて飲む。これには強壮、造血作用がある。

このように、五節句の飲み物や食べ物は、すべて薬品である。その薬品に理屈を超えて〝縁起がいい〟とか〝魔除けになる〟という信仰やムードで理解させて摂取する習慣、科学的知恵を科学的な知識としてではなく、習慣化していく発想は、日本人の典型的な考え方である。

人間は、元気だと、なかなか自分の健康には気を配《くば》らないものである。今日では、それを人間ドックといった定期的な健康診断として習慣づけようとしているが、古代人にとっては、病気になってから、健康体を取りもどすことは容易ではなかった。

そこで、私たちの祖先は、薬品を食品化することで、まず日常の食餌療法をやり、さらに労働スケジュールに合わせて、その時期にいちばん必要な薬物を年中行事化することで、魔除けや信仰として摂取し、健康体を維持できるように、実に巧妙といっていい、健康管理を行なっていたのである。

今日においても、これほど見事な病気予防の知恵がほかにあるだろうか。

中国に逆輸出した日本の鍼灸《しんきゅう》術

日本人の医学史を知る手懸《てが》りとなるものに、わが国現存最古の『医心方《いしんほう》』という、三十巻の書物がある。およそ千年ほど前に丹波康頼《たんばのやすより》という人物によって書かれた本である。

数千年前、インドで発明された〝鍼灸《しんきゅう》術〟が中国を経て、奈良時代の日本に伝えられる。そのころすでに、古代人は〝手のひら療法〟だとか〝熱療法〟を知っていた。お灸は一種の焼却療法の変形だし、針は手のひら療法の変形でもあるから、これが下地になって鍼灸術は抵抗なく日本人に受け入れられ、日本の医術の主流になっていく。

鍼灸術というのは、全身に散らばっている三百あまりの経絡点《けいらく》に、熱や針で刺激を与えることによって、自律神経が支配している部分の賦活《ふかつ》作用をうながす物理的療法である。

経絡点というのは、自律神経の交点であり、静電気の極点である。その部分に灸をすえたり、針を刺すと、その部分だけ急に熱度が変化するから、電磁極ができて細胞が賦活される。心臓が悪いという場合、心臓そのものは治療しない。たとえば、右足の小指の間の経絡点に針を刺すことで、心筋梗塞《こうそく》などを治《なお》したりする。経絡点が一体、何を意味しているか、西洋医学や科学では、今日までなかなか解明することができず、ひじょうに非合理な医術として、西洋医学が拡がった明治時代以後、日本では急速に衰えてしまった。だが、じつは、高度な科学性を持った医術だったのである。

熱療法や手のひら療法が下地になって、鍼灸術は、日本でひじょうな発達をとげ、それが衰えかけていた中国に、明治時代になって逆輸出され、今日では、中国でさらに高度な発展をとげている。こうした事実からしても、千年前の日本が、かなり高度な医学知識を持っていたことが推察できるが、その集大成のようなものが、実は『医心方』なのである。

『医心方』をみると中国の典籍をたくさん引用しているが、引用するということは理解できた、ということである。内容は内科、外科、産科から性生活、保健衛生にいたるまで、あらゆることが網羅《もうら》されていて、今日の医学の構想と大差がないほどである。『医心方』の全部が全部、日本人の発明ではない。中国の知識が多い。しかし、これを日本人向きに、日本の風土に合わせて再生産している。この集大成を頂点として、それ以後、明治維新まで、日本医学は進歩しない。これは逆にいえば、『医心方』がそれほど高度な完成度を持っていたということでもある。

いかにすぐれたものであったか、たとえば、性衛生について書いてある部分を解説してみる。『医心方』の性生活の部分に〝和志《わし》〟という項目がある。和志とは、前戯のことである。前戯について懇切丁寧《こんせつていねい》に説《と》いてある。有名なヴァン・デ・ヴェルデが前戯というものの重要さを説いたのは、およそ数十年前だが、それよりも九百年以上も前にできた『医心方』のほうが、ヴァン・デ・ヴェルデの水準を超えている。

しかし、その発想は、自然哲学の根本の〝陰陽《いんよう》調和の原則〟である。女性が陰で男性が陽。陽ばかりが盛んで、陰がそれに調和しないときは、家が乱れ、夫婦の間が乱れ、それは国を乱すもとになる。

昔の修身とは、この陰陽調和の原則をいったもので、結局、男女の陰陽の調和のバランスをとるということだった。

性生活を国家の基本単位とした古代人

陰陽の程度がアンバランスであってはならない。気をひとつにしなければならない。つねに相手の気分を考え、陽は陰を起こし、陰は陽に応《こた》え、最高に高まったときに合体すると、それによって男のほうも幸せを得る、と同時に、長生きをする。

不老長寿ということの根元は、性生活に関することをいったものであって、お互いに相手の気分を盛んに高めたうえで、完全に調和して、喜びをともにする。一方的に喜びを感ずるなんてことは、ひじょうなエゴイズムで、夫婦、家、ひいては国家の乱れるもとだ、と繰り返し説いてある。

そのうえで、それに対する具体的な技術が書かれている。前戯について詳細に書いている医学書は、少なくとも十九世紀以前のヨーロッパ文明にはない。

しかも、その発想の原点は、男女の性の完全調和である。日本は男尊女卑の伝統があるようにいわれているが、とんでもない間違いである。

性交の体位については、二十四種について述べてある。一般に四十八手といわれるが、あとの二十四種は遊び、ないし実行不可能なものである。『医心方』の二十四種は、実用的であるし、その意味において医学的である。

ユニークなのは〝禁忌《タブー》〟で、これは性の接触をしてはならない日とか時間、あるいは、場所についてくわしく述べてある。仮《かり》にこの禁忌をキチンと守るとすると、一ヵ月のうち二十日ぐらいは禁忌に触れる。

回数についても述べてある。六十歳にして接して漏《も》らさず、というのは江戸時代前期の儒学者《じゆがくしや》貝原益軒《かいばらえきけん》の『養生訓《ようじようくん》』として有名だが、この原典も『医心方』である。

もちろん、これらのすべてが守られると考えたわけではないだろうが、本当のねらいは、逆に性の接触の日を限定して、その乱用を防ぎ、性の神聖を保ち、保健を考えたらしい。

禁忌は、日だけでなく、場所についても、たとえば〝神棚《かみだな》のそばではいけない〟、とか、〝かまどの前は慎まなければならない〟と規定しているが、これらの場所以外では、そこが安心のできる場所でもあるから、本当に心を落ち着けて行なうことができるわけだ。私たちの祖先の深い知恵と言っていいだろう。

耕《たがや》して、天ではなく地に至る日本の農地開墾《かいこん》

遠い昔、人類の生存は、他の動植物と同じように、自然の条件によって決定されていた。日本だと、狩猟をして生活していたものは、当然、山岳部に集落を作ったし、漁業を営んでいたものは、海辺に住んでいた。そういう生存形態に決定的な変化があらわれるのは、日本の場合、稲作農耕をはじめてからである。

稲作農耕は水田農耕だから、つねに豊かな水が必要である。さらに日本は、ひじょうに斜面の多い国である。日本の古代人は、この水と斜面という相反する条件の中で、稲作の農耕をはじめたために、日本特有の発想や知恵を数多く生んでいる。

中国人は、〝耕《たがや》して天に至る〟という。平地を耕し終わったら、斜面を耕して上までいくという意味だ。

これは畑地だからで、水田である日本は、この逆である。〝耕して平地に至る〟これが日本の農耕の発想である。この発想が、ずっと後まで日本の科学の基本になっていくのである。

水というものは、上から下へ流れる。下で先に水田を作っておいて、つぎに上に作ろうとすると、下が難儀《なんぎ》する。本来の日本の段々畑は、上から作ったのである。山から水を引いて、まず高いところに田を作る。これが山田、本田、元田である。日本にはこの苗字が多い。いちばん下の下田、平田はあとで分家したものだから、数が少ない。

山の上のほうが水を引きやすいし、溝《みぞ》を掘るにも短くてすむ。上の田を耕し終わったところで余水を下に引き、人口の増加に従って水田と生産面をふもとのほうへ下げていく。最後には、大変な段々田ができている。こういう例は、インドネシア地方以外、世界に類がないが、合理的であることも確かだ。

山の高い木が生えているところを、水田にすることはひじょうにむずかしい。それをどういう過程で作業したかを、漢字がよく残している。

彼らはまず山を焼く。焼畑《やきはた》開墾が最初である。林を焼いて、その炭や灰を鋤《す》き込んで土に入れる。自然土壌は酸性が強いから、こうして、炭や灰が含んでいるアルカリで中性土壌に変える。そこへカブやヒエ、豆を蒔《ま》いて収穫する。これが第一段階で、火で焼いてつくる耕作地だから、火の田、つまり〝畑〟である。耕しているうちに水平になり、木の根も腐ってなくなる。凸凹《でこぼこ》もなく、妨害物がない耕作地だから、白い田、つまり〝畠〟である。それが完全に水平になって、水を引けるようになって、はじめて〝田〟になる。

畑、畠、田という文字は、日本でも、水田開拓の順序を証明しているのである。日本人の土地に対する執着意識がひじょうに強いのは、ひとつの水田を作るのに、これだけの手数をかけてきたからだともいえる。

こうして、山の高い所に水田を作り、下が拡がってくると、山田は苗代《なわしろ》になる。山田、上田、本田などは初めの開拓者で、苗代を管理する本家である。やがて平野部に至る。平野にくると、山と違って勾配が少ないうえに、広くなるから、灌漑《かんがい》がひじょうにむずかしい。平野部を水田にするには、かなり高度な測量技術がなければ不可能であった。

ミリメートルの段差で灌漑《かんがい》した登呂《とろ》の古代人

弥生《やよい》時代の代表的な集落の遺跡として、静岡県の登呂《とろ》がある。この登呂は、私らが、終戦直後の昭和二十三年から、食糧難と資金難におびやかされながら、発掘したもので、私には特に思い出の多い遺跡である。当時は、ちょうど本格的な考古学が出発する時代で、発掘の技術も、今から見れば幼稚だったかもしれない。竹ベラで、それこそ土を舐《な》めるように少しずつ掘りおこしていったものである。そして、この丁寧《ていねい》さが、あの弥生時代の籾《もみ》を発掘できたのだが、それはともかく、おどろくべきは、登呂の灌漑技術である。

登呂遺跡は安倍《あべ》川東岸の低湿地に位置している。いわば一種の三角州《さんかくす》である。いちばん高いところから遺跡の先端まで、その長さは二キロ。そして高低差は、なんと七メートルである。つまり二〇メートルをわずか七センチの高低差で水を流したのである。しかもその水は、ただ流れるだけではない。百町歩という水田をうるおしながら流れるのである。田と田との段差は、実にミリメートルの単位になる。

まさに想像を絶する測量技術である。いうまでもなくこの水路は、自然に作られたものではなく、灌漑したものである。単なる溝《みぞ》を掘ったのでは、泥が沈澱《ちんでん》するし、草も生えよう。すぐ水の流れは狂ってしまう。それでは、どのような技術を用いたのか？　発掘のさいに出土した膨大な量の板が、それを証明する。登呂の古代人は、側板と底のある樋《とい》のようなものを板で作り、水を流したのである。これだけの大事業を千七～八百年前に行なったのである。

稲作によって得た水の技術、それは立体幾何学の基本である水平面を知ることを教えた。そして、この高低測量技術は1章で述べた、伊能忠敬の日本地図まで続いていく。

伊能忠敬の日本地図が、北極星と三角測量によって作製されたことは、すでに述べた。三角測量法は英国で発生した測量法だが、日本の農民も、山の上流から開墾してきて、結局は扇形に広がる扇状地を開拓したわけだから、まったく新しい知識だった、とは言えないだろう。少なくとも、ひじょうに学習しやすい知識だった。

伊能忠敬は、凸凹《でこぼこ》の多い日本の地形を平面図に書いたわけだが、こういう高低計測は、日本の古代の稲作農耕民が、水と斜面という自然条件の中で、しだいに育ててあげてきた知恵と言ってよいだろう。

日本人は淡白であるとか、執着がないとか、自然に対して厳しく対決しないとか、よく言われるが、私にはとてもそうは思えない。そうではなく、この章で述べてきたように、自然に対するおどろくべき観察力が、石垣のような対自然技術、五節句のような健康知識、そして、登呂のような稲作技術を生んだのである。1章で述べた日本人の科学的な知識は、むしろ日本人の執着性、自然に対する厳しい対応が生んだもの、とさえ言えるのである。そして、厳しい自然環境が育てた保存食の知恵に代表される食べ物の知識も、前近代的とか言う前に、もう一度、評価し直さねばならないものだろう。

3章　日本人は〝独創性〟に富んでいる

――外来文化の〝モノ真似《まね》上手〟は、皮相な見方

外来文化に触発《しょくはつ》されて新文化を築く

エジプトがローマに滅ぼされたとき、あるいはマヤやインカ（中南米）がスペインに滅ぼされたとき、滅ぼされた民族の持っていた文化や文明はどうなったであろうか。やはり、新しい文化に駆逐《くちく》され、滅んでいったはずである。

新しい文化が、それまであった文化と厳然と区別されながら、やがて本流となっていく、それが世界史に見る文化の伝播《でんぱ》の基本的なパターンである。

ヨーロッパでも、スラブやラテンの文化は、新しいキリスト教の文化に滅ぼされたはずである。

では、日本はどうであっただろうか。サル真似《まね》上手とか、外国に弱いとか、よく言われる民族だから、さぞかし昔からそうだったんだろう、と思われがちだが、実は、そうではない。

四方を海に囲まれている地理的な条件が、一つには有効に作用した。また〝鎖国《さこく》〟に代表される何回かの外交断絶（遣唐使の廃止、対明貿易の禁止など）も、外来文化を選択消化し、自分の文化にするのに役立ったことだろう。しかし、なによりも日本の文化を育てたのは、1章で見てきた、日本人の科学性であり、その科学性の裏付けとしてあった、2章の日本人のすぐれた自然観察眼であった。

日本の文化は、重層的な文化である。ある時代だけを取り出して見ると、たしかに外国の強い影響が見られるが、次の時代には、それを完全に消化し、自分のものとしてしまっている。サル真似ではなく、新しい刺激に触発《しょくはつ》されて、別価値のものを創《つく》り出してゆくのである。2章でも述べたように、日本人は、とかく淡白だと思われがちだが、その貪欲《どんよく》さには、まさに驚くべきものがある。

ここでは、その外来の文化との関係で、日本人の精神構造を考えてみたい。

新しい外国の文化が入ってきたときに、日本人が見せる態度は、ひじょうに特異である。日本人は、それが日本の風土や国民性に適応するかどうかは、ひとまず措《お》いて、とにかく、一度はどんなものでも貪欲に取り入れてみる、という習性を持っている。ちょうど、鯨《くじら》がものを食べるあのやり方である。大きく口を開けて全部入れてしまって、後で不要なものは吐《は》き出して捨ててしまう。古来から絶えずそれを繰り返しているから、よほど注意して見ないと、日本文化の正体を把《つか》むことは困難である。

ここでは外来文化の輸入、摂取の仕方を考えていくが、注目しなければならないのは、外来文化の定着、非定着ではない。外来文化によって〝触発〟された結果、日本人が、外来文化そのものでもなく、日本の伝統文化でもない〝第三の価値〟を生み出していく過程で見せる、日本人の知恵である。

「日本人は〝モノ真似〟は上手だが、独創性に欠ける」というのが、明治以来、日本人による日本人評の〝定説〟になっているようである。しかし、私はそうは思わない。明治以後の身近なものでいえば、日本人の傑作といわれるアンパンはどうか。カレーライスやカツ丼はどうか。これらのどこがモノ真似なのか。確かにアンパンの素材であるパンは外来のものだが、だからといって、これをモノ真似だというなら、世の中のもののほとんどすべてはモノ真似だろう。

パンの中にあずきのアンを入れて、表面にヘソをつくり、そこに桜の花の塩漬けをつけた(このごろではゴマをつけたものが多い)、こんな奇妙でうまいものは、世界中どこを捜してもない。パンは外来のものだが、それに触発され、饅頭《まんじゅう》の伝統を重ねて、アンパンをつくる知恵は、私はひじょうに独創的だし、けっしてモノ真似ではないと思う。私は、このように外来文化の輸入によって、外来文化そのものではないものを生んでいく現象を、〝触発現象〟と呼んでいるが、こうした触発によって、第三の価値を生み出す能力においては、世界中で日本人がいちばん秀《すぐ》れた独創性、創造性を持っていると思う。

理由はいくつかあげられる。第一には、日本の地理的な位置である。アジア大陸に近いが、離れ島で、北方と南方にウナギの寝床のように細長く延びて、あらゆる方面から異質の文化が輸入されやすいが、侵略は受けにくい。

第二には、日本人自身の成立がひじょうに複雑で、混血的要素が強い。この混血的要素が、異質なものに対する抵抗感を少なくしている。

第三に、日本の気候風土である。南北からの季節風と海流によって、多様に変化する四季があり、さらに台風や地震がある。こうした多様性を持った自然に対応しなければならない、ということが日本人の心を鍛《きた》えてきた。

こうした諸要素が重なって、開《あ》けっぴろげな好奇心や、少々変わったものが入ってきても驚かない精神の強靱《きょうじん》さと、それを噛《か》みくだいていく対応能力を育てたのだと思う。

ズボン着用の古代人が、なぜ着物を創《つく》ったか

2章でも述べたように、誰もが、これは日本にしかない独自なものだ、と認めるも

のに〝着物〟がある。

石器・縄文時代の土偶《どぐう》や埴輪《はにわ》を見ると、当時の日本人は、中国服のようなズボンを穿《は》き、詰襟《つめえり》のような上衣を着ていたと考えられる。これは北アジアの草原性衣服の特徴と合致する。

このような服装だった日本人が、どうして、現在の着物を創《つく》り出したのか。この歴史を見ることをとおして、日本人の外来文化に対する知恵を調べてみよう。

中国服のような服装が、最初に変化を見せた契機が稲作の伝来による影響である。稲作技術といっしょに、東南アジア系の貫頭衣《かんとうい》が入ってきたのである。つまり、北方系の筒袖《つつそで》にズボンという密着衣服と、南方系の布に穴をあけて、頭を入れるような貫頭衣が日本で接触するわけである。これが第一段階であった。

稲作を始めた日本人にとって、湿気が高く、膝まで泥につかって労働するには大きな袖は不便であったはずである。通気性のある貫頭衣が、稲作労働のしにくい密着衣服を駆逐《くちく》したとしても不思議ではない。

ところが、日本人が南方系の衣服を原型のまま残したのは、フンドシと腰巻（サリー）だけである。それ以外は、すべて便利なように変形させてしまった。上衣についても、袖を全部不要にするのではなく、北方系と南方系の衣服の折衷《せっちゅう》形である袖付《そでつき》貫頭衣を創り出した。これが着物の原型ともいえる小袖《こそで》である。

具体的に分析すると、貫頭衣を基本にして、頭を突っ込んでいた布を、身体の前面で縦に二つに切断したわけである。そうして脇の下の腕を通す部分を残して縫い合わせた。着物の胴、つまり〝身ごろ〟を創ったのである。しかし、前面を切断したままでは腹が出るから、両端に三角形の布をつけて〝おくみ〟を創った。この〝身ごろ〟と〝おくみ〟をつけることによって、前合わせができるようになった。

このようにして、小袖は少しずつ変化し、便利になっていく。つぎに、北方系の筒袖に通気性を持たせるために、袖口を拡げて、腕の部分につける。ユニークなのは、その腕の部分をつけるときに、全部縫いつけないで、〝身八口《みやつくち》〟といわれる脇の下の通気孔を創ったことだ。

人間の皮膚は、体温を一定に保つために、汗を出している。汗が健全な体温調節であることは、いまさらいうまでもないだろう。皮膚の三分の一以上が、汗で濡《ぬ》れたままになっていると、水におおわれたのと同じ状態になり、呼吸困難を起こしたり、体温のバランスが崩れる。皮膚の機能を十分に働かせるためには、皮膚はつねに乾燥した状態か、汗が蒸発しやすい状態にしておかなければならない。

湿度の高い日本では、この皮膚をおおう衣服の通気性に、とくに注意しなければならない。それが〝身八口〟の発想で、衣服そのものに通気孔を創るなどというのは、世界で唯一のアイデアである。

こうして衣服の変化は、少しずつ変わっていったわけだが、この小袖が完成したのは、意外と早く、五世紀ごろの古墳時代である。

〝袂《たもと》〟が考案された理由

この着物の第一段階ともいえる小袖は、後に中国から唐衣《からぎぬ》が入ってきても、肌着として生きつづけ、今日の着物に発展するのである。小袖は、日本の風土を条件に、南北の衣服が選択・再生産されたものといえるわけで、外来文化に触発されることで、日本独特のものを創りあげた典型といえよう。

以来、日本の着物は、今日までずっと平織《ひらおり》である。平織は、縦《たて》糸と横糸を直角に交わらせただけの単純な織物だが、これも、日本の織物技術が幼稚だったからではなく、平織が、織物の中では、いちばん通気性がよく、日本の風土に適応していたからだ、と考えるべきである。

小袖の形態が、日本の風土にマッチしているとわかると、それにさらに工夫を加えながら、あくまでも守り通していく姿に、自然と合理性を大切にする日本人の、一種の執念のようなガンコさを感じるのである。

唐衣が、微妙に変化し、日本の着物に本格的な影響を与えはじめるのは、室町《むろまち》時代になってからである。

足利《あしかが》三代将軍義満《よしみつ》が、明《みん》との国交を回復し、さかんに貿易（勘合《かんごう》貿易）をはじめてから、伝統の衣服に変化があらわれる。いわば、着物の発達第二段階である。

唐衣は、平安・鎌倉時代の女房装束《しょうぞく》の最上衣で、幅の狭い袖をつけた上半身の衣であった。王朝のあでやかな服装を描いた絵に出てくる上衣である。この唐衣の流行によって、小袖は長い間、肌着の地位に甘んじていたが、今から四百年ほど前に、袴《はかま》を脱ぎ、袿《うちぎ》などの表着が略されてくると、小袖は、だんだん丈《たけ》を長くしていく。そして丈長《たけなが》小袖という膝頭《ひざがしら》より下に伸びた、現在の着物らしい形になる。こうなると、袖口が小さいままでは形が悪いし、ポケットのようなものもないので、便利なように〝袂《たもと》〟をつけて拡げてしまう。袂をつけたために、その中に物を入れることもできるし、手を動かすことによる装飾性も高まった。こうして、肌着だった小袖が上衣になると、唐衣以来の、きれいな柄模様を染めたり、織り込んだりして、ほとんど今日の着物と同じものになる。

日本帯の原型は元禄《げんろく》時代に作られた

だが、残念なことに、日本人はひじょうにプロポーションが悪く、米食の関係もあって、胴長短脚である。この身体に丈長小袖を着ると、よくないスタイルが、いっそう悪くなる結果になってしまった。

このプロポーションが悪い、ということを結果的に救ったのが、着物の第三段階における変化である。それは、桃山《ももやま》時代（豊臣秀吉の時代）のキリスト教宣教師《せんきょうし》の影響によるのである。

豊臣秀吉は、海外貿易を奨励した。そして、この貿易は、日本人が消化しきれないほどの多くのものを持ち込んだのだが、着物については、大きなヒントをもたらしたのである。

宣教師たちが、ガウンを縄状の紐《ひも》で巻き結びしているのと、朝鮮の平帯が幅広いのを見て、着物の帯が発達するのである。まず、縄状に編んだ組み紐を、ぐるぐると何回も身体に巻きつけて着るようになった。いわゆる名護屋帯《なごやおび》である。これが博多帯《はかたおび》はじめ、広幅帯のはじまるもとで、帯を重ね巻きするもとになった。そこで、はじめから紐でなく、幅のあるもののほうがよい、ということから、江戸時代になって広幅絎《くけ》帯《おび》ができる。

絎帯は、幅が三、四センチの広幅帯である。これで胴を締《し》めると、女性の場合は、プロポーションに変化がついたのである。

この板のような帯の幅が、どんどん広くなり、ついに今日の日本帯である二つ折りして巻きつける大幅の帯を完成したのである。だから、日本帯は、何とか自分を美しく見せたいという執念によって完成された、といってもよいだろう。

しかし、あまりに帯をぐるぐると巻きつけるようになってから、腰のくびれた線が消えてしまって、かえって全体がズン胴になってしまった。そこで帯の位置を上にあげ、結び目を大きく目立つようにして、その結び目もなるべく上にもってくるようにした。その結果、帯から下が、すべて足に見えるようなスラリとした、とても胴長短脚には見えないようなプロポーションを完成してしまったのである。

着物の美しさのポイントは背面の美しさ

だが、女性たちは、これで満足したわけではない。日本帯が完成された当時、帯の結び目は、全世界の帯やベルトがそうであるように、前面にあって、結び目も小さかった。帯でせっかく美しく見せているのだから、相手の視線を他に移されては意味がない。

そこで、結び目に装飾性を持たせるようにしたのである。結び目を、だんだん大きくしているうちに、足許《あしもと》が見えないくらいにしてしまったのである。重量もかなりある。その当時の姿は、京都の島原《しまばら》で、現在では観光名物になっている太夫道中《たゆうどうちゅう》で見ることができる。その歩く格好は実におもしろい。帯が大きくて足許が見えないから、反《そ》り身になってそれを支える。すると、さらに足許が見えなくなるから、転ばないように重い三本歯の下駄で、足を出すごとに外八文字に地をさぐりながらソロリソロリと歩くのだ。

遊女ならそれでもいいが、一般には不便で仕方がない。

こうして、着物は第四段階の変化をむかえる。現在の着物のスタイルの完成である。つまり、元禄（三百年ほど以前）に、世界の服装史上に空前絶後の大革命をやってのけるのである。

前面にあった帯の結び目を、そのままぐるりと後ろに回してしまったのである。それとともに、ネックレスとかブローチといった前面装飾品を、全部、着物と帯が吸収してしまって、帯は前面装身具の用を兼ね、今日の和服姿が完成した。

世界の服装で、後ろに結んだベルトの結び目に美を集中させるのは、日本の和服だけである。

帯の結び方は、実に二百種類以上もあり、そのひとつひとつに名前がつけられている。

こうして、背面装飾が完成すると、当然ながら人間関係にも影響を及ぼすことになる。せっかく背を美しくしたのだから、襟足《えりあし》を抜いて、化粧《けしょう》をほどこし、背中で愛を語るようなことも出てくる。歌舞伎には、男に背を向けてぐいぐいせまっていく、いわゆる口説《くど》きの場面があるが、相手に顔を見せないでラブシーンをやってのけるのは、おそらく日本の女性だけではなかろうか。

日本的なものの代表ともいえる着物も、こうして分解していくと、あらゆる外来文化の総合であることがわかる。日本文化は、この着物に象徴されるように、さまざまな要素を採《と》り入れながら、それを日本人の体形と風土と習俗《しゅうぞく》の中に換骨奪胎《かんこつだったい》して、再生産したものだといってよい。

一見、それが日本独自のものに見えるものでも、分解していけば、総合再生産の姿になる。そこに認められるのは、日本の気候風土を織り込みながら、まったく独創的なものを創っていく〝知恵〟である。

日本帯は内臓の働きに好影響をもたらす

つぎに、着物が肉体におよぼす影響だが、広帯の重ね巻きという風習は、日本の着物だけで、これが健康にどんな影響をおよぼすか、〝帯圧《おびあつ》の研究〟という医学上の研究がある。

それによると、身体というのは細い紐で一ヵ所を締めるよりも、広く全身に巻きつけたほうが、肉体的な機能に悪影響がない。ある程度全身に圧力を受ける習慣に習熟すると、むしろ、健康によい。帯を重ね巻きするからといって、心臓が弱くなったり血圧が上がることはない。この研究によれば、循環器系統に悪影響はまったくないというのが第一の結論になっている。さらに、日本の女性は胃下垂《いかすい》が多いが、これは胴長であるためで、出産後によく起こる。だが、昔の女性は広帯を重ね巻きしていたために胃下垂が少なかった。だから、広帯は、年少のころから習熟すると、むしろ健康によろしいというのが、医学的な結論になっている。

こうした実用面はともかく、私は世界で唯一、衣服に自由画紋《がもん》をつけた着物の装飾性を注意したい。

今日でも、晴れ着や婚礼衣装に、それが雲、水、車、樹枝、草花として残っているが、体の動きも計算に入れた、自由画紋が揺れ動く様子には、思わず息をのむような美しさがある。外国人が驚嘆するのもあたりまえだと思う。

いずれにせよ、長い年月をかけて、日本の風土に完成したものを、そう簡単に捨て去ってしまうほど日本人はおろかではないだろう、と私は確信している。

最近は洋装生地の影響で、紋様は、サラサ様のプリントや江戸小紋、琉球《りゅうきゅう》びんがたの形を採った単位図案ものや、縞《しま》、格子《こうし》がふえてきた。それでも、帯の色彩との調和を考え、世界一の美しい衣服として、和服は生きつづけている。

畳はすぐれた保温性マットレス

日本の石器時代は竪穴《たてあな》住居だった。これは竪穴を掘って、上から唐傘《からかさ》のような屋根をかけて作りあげる。すべてに技術が未熟な時代としてはひじょうに丈夫で、耐風、耐雪性も強い。大体、屋根の角度は九〇度で、しかも垂木《たるき》は地面についているから、頂上の結び目さえしっかりしていれば、まず上から押しつぶされるということはない。

これを水はけのいい丘に建てると、大体、夏は四度から六度涼しいし、冬は六、七度暖かい。暖冷房のない時代としては、かなり完成した住居である。

この竪穴式住居は、北方アジアからアメリカ・インディアン、北アメリカの北極圏に近い地方に起こった家屋形式であった。

ここに、南方の東南アジアの稲作農耕といっしょに、高床《たかゆか》式の収穫物を収める倉庫が入ってくる。先にも述べたことだが、稲作をはじめると、水田近くに住まなければならないから、湿気に対応するために、従来の竪穴式住居は、高床式住居の影響を受けて、だんだんと高床になる。その床がひじょうに高いものを殿《との》といった。普通のものは家である。家というのは低床《ひくゆか》の家で、私たちは今日でも低床の家に住んでいる。

伊勢神宮は殿で、そこに住む人は殿《との》さまである。支配者は御殿《ごてん》、つまり倉庫、米倉と同様式の家に住んでいたわけである。

この倉庫形式と竪穴式から、合掌《がっしょう》式の住居が出来て、日本の家の原型になる。

合掌式の屋内《おくない》は屋根裏が大きいが、床下とともに自然空気流通の空気層となっていて、防湿のため、さらに屋根を大きくしていく。現在、田舎に残っている農家は、地面から全体の高さの三分の二が屋根である。なぜ、このように屋根を高くするかというと、屋根裏空気層が常温常湿になるため、居住空間の湿気調節をはたすからだ。

屋根の用材は茅《かや》である。竪穴式住居時代から茅で、日本にはこれ以上のものがなかったからではない。茅を厚葺《ぶ》きにすると、ひじょうに熱の遮断作用が強く、耐水性にもすぐれているからである。夏は熱を遮断して涼しいし、冬は保温性が高い。

今日まで、これを容易に放棄できないのは、むしろ、茅にかわるような温度や湿度の遮断体がなかったからで、茅葺きの屋根というのは弥生《やよい》文化の遺産である。

さらに、西洋の家は、外気に接する壁がいきなり屋根の軒《のき》と接していて、軒の出があまりない。日本の家はひじょうに軒下が長い。これは、日本の雨は必ず風を伴うから、家の中の湿度の均等性を保つために考え出された知恵だ。軒を長くすると部屋の中が暗くなる。少しでも明るくするために白壁や紙障子、唐紙《からかみ》が光の反射板として発達した。

中国から紙や敷物が入ってくると、日本人は紙障子と、敷物から畳を考案する。紙障子は湿気を調節すると同時に、部屋の中を少しでも明るくしたいという要求からで、畳は床下からの湿気遮断と保温が目的である。また、畳は奈良・平安時代は板の間にこれを敷いてマットレス代わりになった。それほど保温性がいいから、ついに日本には西洋のベッドといった発想、あるいは敷布団を厚くして、掛け布団を薄くするという発想が育たなかった。

畳を敷きつめたことは結局、ベッド・マットを敷きつめたようなもので、暖かいから、そこに〝すわる〟という日本人の生活様式を定着させ、そこに寝るにしてはいまひとつ寒いから、掛け布団を厚くしていくのである。

さらに、中国から模様紙《もようがみ》を張った厚紙が入ってくると、これは光を通さないから、部屋の間仕切りに使う。これが唐紙、襖《ふすま》である。

なぜ、東大寺大仏殿《だいぶつでん》は倒れたことがないのか？

木造であるうえに、可燃性のものを建具に使うというのは、一見、愚かに見えるが、2章でも述べたように、紙は泥や木材と同じに、湿気によく対応するから、湿気の多い日本では、室内は紙に包まれているほうが快適である。こうして、紙という外来文化も建具に転用され、日本の生きている家はますます自然への対応度を強くする。

そこに瓦《かわら》が中国から入ってくる。この瓦で日本の家は大きく変革を受ける。瓦はひじょうに丈夫で、耐久性がある。同時に重い。この重い瓦を支えるためには、柱が太くなければならない。瓦が重い上に柱が太くなると、地面にいっそう重力がかかる。その結果、掘っ立て柱では沈没してしまうから、柱が下へ沈むのを防ぐために〝礎《そ》石《せき》〟を置かなければならなくなる。礎石は、地面の湿気を遮断することにもなり、対湿効果をさらに強めた。

瓦の発想は〝うろこ〟である。元来、魚の鱗《うろこ》のことを〝かわら〟といったくらいだが、中国ではこれを屋根にクギで固定する。

日本人はこれを泥で固定した。泥では滑《すべ》りやすいが、実は、この滑ることがねらいなのである。この知恵は、2章で述べた地震や台風への対応である。

地震があって、家が一方に傾くと、傾いたほうの瓦が滑り落ちる。その限界は二五度だといわれるが、一方が落ちると、当然、反対側が重くなり、その力で家は反対側に復元し、さらに傾いて、そちらの瓦も落ちる。一、二の二動作で瓦が落ちると、屋根は裸になって軽量になり、建物の木組みだけが残って、押しつぶされることがない。もし、中国の方式に従ってクギでとめてあれば、一も二もなく、その重量で押しつぶされているだろう。

世界最大の木造建築である東大寺の大仏殿は七四五年に建てられたものである。源平の争乱時代に一度、戦国時代に一度、合計二度焼失しているが、いずれも火事のためである。風とか地震のために倒れたことはない。

現在の大仏殿は、一六九二年に再興され、今日までその姿を保っている。三百年間もの長期間、あれだけの大建築物が無事だったのは、どういう理由によるものであろうか。それは、地震や台風という、人間の物差《ものさし》では計《はか》ることのできない自然の力を予想して、建築されたからである。

〝あらかじめ滑ったり、はがれたりするように泥を使って固定した〟日本人らしい知恵が働いているからである。

こうして、竪穴住居を改良し、日本の住居らしくなったところに、禅宗とともに書《しょ》院《いん》造りが入ってきて、ついにその形式が完成する。

書院造りが部屋の〝小部屋割り〟を教えてくれたと同時に、床《とこ》の間《ま》という美術品の装飾空間、陳列空間を教えてくれたのである。

上がってはいけない、使ってはいけないという、一見、ムダに思える床の間は、それを居住空間にとりこむことによって、精神的なゆとりや、思考の〝間《ま》〟を育てた。

日本人が家に帰って、ゆったりした気持ちになるというのは、実は、このムダな空間〝床の間〟のせいなのである。

床の間の〝ムダ〟の発想がさらに発展したのが、日本の〝玄関《げんかん》〟である。

地方へ行くと、トラックが一台入るくらいの玄関を持つ家がまだ残っている。西洋には、この玄関という発想はない。

人間が〝外から内に移る〟、その間に玄関という、精神的な気分転換の中間帯をもうける。その中間帯を広くすることで〝間《ま》を持たせる〟発想は、床の間と同じ作用を人間に与える。床の間や玄関という発想は、日本人の精神形成に大きな影響を与えている、と私は思う。

外来文化が日本に伝えられるとき、日本人は、その物自体の使用形態を変えるだけでなく、その発想自体をも転用していく知恵を持っている、といえよう。

チーズやバターが輸入されたのは奈良時代だが……

食物にかぎらないが、外来文化がもたらしたもので、日本の風土の中で育たなかったものも数多くある。

詰襟《つめえり》、筒袖《つつそで》の唐衣《からぎぬ》がそうであり、食品では乳製品がそうだ。チーズ、バター、コンデンスミルクが、日本に初めて持ち込まれたのは、奈良時代で、正倉院にはチーズを入れた壺が残っているが、日本ではついに定着しなかった。

チーズをつくるには、原料として牛乳とか動物乳がまず必要で、加工にはチーズ菌がいる。ところが、当時の日本に、牧畜も少なく、チーズ菌もなかった。

牛や馬は労役獣《ろうえきじゅう》として飼われていたから、その乳を人間が飲むという考え方は育っていなかった。そこに、チーズ党にとって残念なことに、仏教が流布《るふ》され、動物の殺生《せっしょう》が禁じられた。乳は当然、その動物の子を育てるものだから、それを横取りすることもまた、殺生とともに嫌ったのである。

自他ともに許す悪食《あくじき》民族である日本人も、仏教思想の禁忌《タブー》に触れて、それを延長して乳製品にまで及ぼし、チーズを食べようという気にはなれなかったらしく、ついにチーズは、他の乳製品とともに日本の歴史から姿を消す。

外来文化が日本に定着するには、日本の自然風土に合うことも必要だが、思想的な風土もまた大きく影響するという実例である。

それにひきかえ、アジア照葉樹林帯がもたらした納豆《なっとう》に代表される発酵食品――これを私は納豆文化と呼んでいるが――この発酵食品は、すぐに日本の食物メニューに加えられる。

納豆は納豆菌の媒体による発酵作用で、このほか麹菌《こうじきん》、イースト菌など、発酵にいくつかの菌の種類があるが、日本人はその発酵という技術を覚えると、すぐにこの発酵技術を定着させ、発展させていく。

代表的なもののひとつが、すでに述べた、世界にも珍しい二度の発酵過程を経てつくる〝日本酒〟である。

“掘串《ふぐし》”という農具は、石器時代からのもの

日本でいちばん最初の栽培植物は、芋《いも》だという説がある。

タロイモとヤムイモの二種類で、両種ともに南太平洋に広く栽培されている。その影響を受けて、日本にいま残っているものは、畑でつくる里イモと長イモである。タロイモとは里芋のことで、ヤムイモは山芋、つまり長芋であり、この両芋は、一切の穀物以前の畑地農耕の対象で、ともに南方から日本に輸入され、定着したというのである。

その理由のひとつとして、芋正月が挙げられると思う。芋正月というのは、今日でも地方の農村の習慣として残っているところがあるが、一月一日の米正月とは別に、九月にも芋のお祝いをする。これは昔、芋が主食で、米が主食になる前は、芋ができたときが正月だった、ということから起こった習慣である。

今日は、米の収穫が終わったあとで、正月が来る。一月一日は米正月なのである。だから、日本では稲作農耕が入ってきてのち、正月が芋正月と米正月の二度やってきたわけである。

今日では、芋正月はだんだん忘れられているが、それでも、かつていちばん最初に

入った芋がいつまでも残っていて、米の文化の中にも痕跡として、芋正月という言葉を残しているわけである。日本人が古代から、外国文化を貪欲に取り入れてきた証拠のひとつだろう。

さらに〝耕作に使う道具〟も、実はすべてが外来技術である。最初は、土を掘るための〝棒〟である。これは〝掘串〟と書いて〝フグシ〟と発音する。フグシというのは、大体〝クシ〟という棒状のものである。耕作に必要とされた、きわめてシンプルな道具で、あるいは自然発生的なものかもしれない。が、同様のものが、今日でもボルネオ、スマトラあたりの芋栽培文化圏とともに残っているから、私は、芋と一緒に日本に入ったのだ、と考えている。

このフグシの先に、石の斧《おの》をつけるという改良を行なったのは、石器時代であるから、古来日本人は、改良の能力が優《すぐ》れていたといえよう。

それが、『万葉集』巻一にある雄略《ゆうりやく》天皇の「フグシ」の歌の原型だと思われる。

籠《こ》もよ　み籠《こ》持ち　掘串《ふぐし》もよ　み掘串持ち　この岡に　菜《な》採《つ》ます児《こ》　家聞かな

……

この『万葉集』に出てくるフグシの段階では、すでに刃をつけた石器から、〝竹べら〟のようなものになっていたらしい。だが、形が変わっても名前はフグシである。このフグシの幅を拡げたのが〝鋤《すき》〟、これにもう一度、改良を加えて横に柄をつけたのが〝鍬《くわ》〟である。したがって、日本の鍬、鋤の原型は、南太平洋に分布しているフグシと同系列のものと考えていい。

日本では、水田耕作があとから入ってきた。水田の土は柔らかいから、刃の先を拡げても掘れる。もし、依然として山の土を掘っていたら、土の性質上、フグシの先端は尖《とが》っていなければならないから、改良を加えるとしても、鋤や鍬とは、ずいぶん形の変わったものになっていただろう。

フグシは、山での焼畑農耕から、水田農耕に変わっていく過程と並行して、尖ったものから幅広いものへと、形を対応させていったのだと思う。外来文化が、自分たちの生活条件に適応する形に自由に姿を変え、一見、日本特有だというものを生んでいくのである。

山の多い農村の、どこでもいい、古い農家へ行って、農耕用具を見せてもらうと、今日では鉄になったものもあるが、棒状の掘串から、水田用の刃のうすい鍬まで、さながら日本の農耕用具の変遷史を見るように、種々の農耕用具があって、なかなか興味深いものである。

山の畑がある以上、フグシもまた有用なのである。有用なものはそのまま、忘れないで、改良後も残していく――これもまた、日本人の知恵のひとつだろう。農耕用具とは話は変わるが、こうした古いものを併用《へいよう》して残していくという習慣が、生活上に現われたのが、兼業習慣である。

日本的重層生活の典型が〝鵜飼《うが》い〟

稲作農耕が入ると、狩猟と漁業が主生産だった生活から、農耕生活に変わる。経済用語でいうなら、採集経済や略奪経済から、農耕という計画経済に移ったというわけである。この場合、西洋人は狩を捨て、漁業を捨てて、きれいに農耕に変わっていく。中国でもそうである。

ところが、日本では、農耕社会なのに、もうひとつ副業として、一時代前の産業を残していくのである。〝純粋農耕民〟というのは、古代日本にはまったくない。農耕民は、一方で、同時に狩猟民であり、漁業民であり、中には、冬の休農期に竹細工をする工業民であったり、つねに、今日的な言葉でいうと、立体的経営という生活をしてきているのである。いわば日本文化の重層性の一表現である。

もちろん、これは必要から起こったのだろうが、それを平気でやれるというのは、私は、日本人の対応性の豊かさ、発想の豊かさといっていいと思う。けっして軽薄ということではなく、むしろ用心深さから、手馴れていた旧産業を一方で残しておく。言い換えるなら、だからこそ、新しいものを、平気でどんどん取り入れていくわけで、失敗したときの退路はちゃんと残してあるわけである。

従来の日本人論では、日本人の進取性、悪くいえば軽薄さ、オッチョコチョイの面が強調されがちだが、このような保守性というか、慎重さという性格も、日本人の重要な側面として再評価する必要があるだろう。

さて、こうして残された一時代前の産業の中で、今日までも残っているものに、鷹《たか》狩《が》りと鵜飼《うが》いがある。

鷹狩りは東北アジアの狩猟法で、世界的には大体、沿海州《えんかいしゅう》に起こったものである。鷹は人工孵化《ふか》ができない鳥で、幼鳥を採集して訓練しなければならない。そこで、日本では早くから、鷹の幼鳥を採集するための保護地区を作ってきた。地名や山の名前で〝鷹〟がつくのはその名残りである。鵜もまた、人工孵化ができないから〝海《う》鵜《う》〟の幼鳥を捕獲してきて訓練して育てる。海鵜は、日本では三陸《さんりく》海岸（岩手県）などで自然繁殖している鳥であり、この漁法が伝わったのは、東南アジアからである。

鷹も鵜も、一代制の訓練という点では同じだが、発生地は、東アジアの北と南で、まったく別々である。これが日本に入ると、この両方を一人でやっている人たちがいる。

岐阜県あたりの鵜匠《うしょう》というのは、一方で、農業も営んでいる。こうした習慣は、立体経営の生産様式が早くから定着していたことを意味している。

今日の農家の多くは、兼業農家だといわれるが、これは何も今日に始まったわけではない。ただ、鷹狩りや鵜飼い、あるいは漁業が、工場勤務や事務所勤めに変わっただけで、日本人が昔からやってきた重層生活の習慣の一表現なのである。

これも、日本人が厳しい自然に対応する手段として、あるいは、突然入ってくる外来文化を貪欲に摂取するための下地として養ってきた、生活技術、文化様式を重ね合わせる知恵である。日本人はけっして淡白で、あきらめやすく、軽薄な民族ではないと思う。

不美人《ブス》の語源はトリカブトの毒

鷹狩りや鵜飼いが、日本に定着する前提条件として、鷹や海鵜が日本に棲息《せいそく》していたということがある。これと同様なケースが、植物でいえば、トリカブト（鳥兜）である。

それは毒矢文化の前提である。毒矢の毒はアルカロイド系のもので、その知識が入ってくると、日本人は山野に自生しているトリカブトの利用法を知って、大いに活用する。

余談になるが、私はこのトリカブトを研究していて、意外なことを教えてもらったことがある。日本人は、美しくない人のことを〝ブス〟という表現で呼ぶ。ブスという発音は日本語としては珍しく、一体、語源はどこから来たのだろうと、気になっていた。ブスッとしているのと同じだから〝ブス〟というのだとするなら、そういう表情をなぜ〝ブスッとしている〟と呼ぶのか、あるいは無粋《ぶすい》の略語かとも思っていたが、誰も教えてくれない。

ところが、あるとき狂言を見ていた。寺の和尚《おしょう》が、小坊主にいつも砂糖をなめられて困る話である。

砂糖は昔は貴重品だったからだろうが、ある日、和尚が小坊主に〝この壺《つぼ》の中にはブスという毒が入っているから、なめると死ぬぞ〟とたしなめる。それを聞いた小坊主は砂糖であることを知っているので、和尚の留守中に全部なめて、おまけに壺を割っておく。帰って来て仰天した和尚に、小坊主が泣きながら訴えて言う。

「ブスが入っていて、なめたら死ねるとおっしゃいましたので、うっかり壺を割ったおわびに、死のうと思って、なめました、はい……」大体、こんな狂言だが、これを見ていて、ブスというのは毒のことだとわかった。

さっそく調べてみると、トリカブトから取る毒のことを〝付子《ぶす》〟というとある。トリカブトの毒が傷口に入ると、脳の呼吸中枢がマヒして感情や思考力を失い、無表情になる。この無表情になった状態を〝ブスだ〟といい、それが表情のない人、つまり、美しくない人のことを〝ブス〟というようになったというのである。ブスの語源は、トリカブトの毒のことだという説である。

トリカブトの毒になるのは新根の皮部分で、エゾトリカブトが一番猛毒である。これは動物の傷口から入ると、人間の場合でも、わずか〇・四グラムで十七秒前後で死ぬ。

今日では日本全体が暖かくなっているので、北海道を中心に残っているが、関西では大台《おおだい》ヶ原《はら》（奈良県）、関東では軽井沢（長野県）から北にしかない。だが、秋田県あたりでは、この猛毒のトリカブトが、夏になると、紫色の美しい花を、いっぱい咲かせているのが見られる。

毒は、古い根に新根になる芋がつくが、その皮である。それを保存し、矢の先につけて射《う》つと、体重五〇キロの熊が十七秒で倒れる。アイヌの一部では、今日でもそれを狩猟用に使っている。

後に鉄砲が入ってきて、このトリカブトが毒として使われなくなると、日本人はそれを薬に変えて使う。

猛毒ではあるが、少しだけ飲むと強心剤になり、継続的に少量ずつ摂《と》っていくと、強精作用があることを知ったのである。

日本に自生している薬草で、強精作用があるのは、イカリ草やトリカブトである。イカリ草は大体、死ぬほどの毒はないからいいが、トリカブトは量を誤ると死ぬ。

その点、庶民はよく知っていて、トリカブトを入れた薬茶は、漢方医に調合してもらってから飲んだ、という記録が江戸時代にある。

輸入品種を、何でも太くしてしまう日本人

鵜飼い、鷹狩り、トリカブトの毒による狩猟法、これらは先述したように、素材は日本に古くからあり、技術だけが外来のものだが、日本人は従来、日本になかった植物や動物を輸入し、それをずいぶん、日本の風土に定着させている。

そして、それらを定着させる努力の中で、今度は〝技術〟を生産し、植物そのものの改良も行なっていくのである。

極言すれば、日本で栽培されている植物のほとんどは輸入し、改良し、定着させたもので、在来種のものはきわめて少ないといっていい。

しいていえば、ワサビと大根くらいのものである。

ワサビはアブラナ科植物だが、これは日本にしか自生していない。また、食べる習慣も日本にしかない。外国人で日本へ来て、ワサビが食べられるようになれば、私は「あなたは日本の風土に定着できますよ」と冗談をいうのだが、あの味わいは世界にないものだ。

野生の大根もほぼ同じで、ワサビのように小さくて青い。神奈川県秦野《はだの》市に大根《おおね》というところがある。この付近には野生の大根が最近まであったそうだ。

カブは、日本にはなく、中国から輸入する。カブは中国の照葉樹林帯文化の産物のひとつである。

中国では、荒地のことを荒れた蕪《かぶ》の土地——荒蕪地《こうぶち》というが、それは蕪しかできない土地ということである。蕪しかできないということは、蕪はどこでもできるということである。したがって、山を開墾し、焼き畑をやったあと、最初に植えるものとして蕪ができても、それを採《と》らないで、そのまま畑に鋤《す》き込んでしまう。これを二、三年やると、地味がひじょうに豊かになる。そのあとに芋や雑穀のヒエ、アワ、ソバなどを植えていくのである。

今日でも、秋田県や山形県の焼き畑はそれをやっているが、日本人はもともと、そういう目的で入ってきた蕪を食用に変えていく。

だんだん大きなものを選択していく例では、最後には聖護院《しょうごいん》と京都でいっている、直径が二〇センチもあるような千枚漬《せんまいづけ》を作る大根や桜島《さくらじま》大根がある。

輸入されたときの蕪は、それこそ荒地にしか生えないような小さなものであった。大根も細いユリのようなものだったのが、とうとう練馬《ねりま》大根というと太いものの代名詞になるほど太くしてしまった。そして、重要な食用野菜に変えていった。

太くするとどういう効果があるかというと、水分が多くなるだけで栄養価はたいして上がらない。しかし、その形の美観とともに〝うまみ〟を出す糖分が増える。その代わり辛《から》みは減る。だから味わいが増える。それを日本人は品種改良の過程で知る。すると、なんでも大きくしていく。

カボチャも輸入野菜だが、ついに世界一の大きなカボチャを作る。西瓜《すいか》もそうである。

この品種を改良していく技術のひとつが、肥料による土地改良と、品種の土地に対する適応性の選択である。

瓢簞《ひょうたん》は元来、食用であった

肥料による土地改良は、日本は強酸性土壌だから、まず中性土壌に変える。これが焼き畑で、〝灰〟を肥料にする。平安時代には、灰は一俵いくらで売買されている。灰そのものは全然肥料効果はないが、灰のカルシウム分が土壌の酸性を中和する。中性土壌になると、何を蒔《ま》いても、何の肥料を置いても吸収度が高まる。その知恵から、いろんな植物を輸入して改良したり、在来種の野生の植物を栽培品種に変えていくわけだ。

日本のネギは、室町時代《むろまち》になって中国から輸入したのであるが、それ以前に、日本の在来植物からネギを作るべく悪戦苦闘した記録がある。日本伝統のネギは〝ノビル〟(野蒜・ユリ科)という野生ネギだった。これを栽培種にしようと試みたが、結局、限界はラッキョウどまりで、ついに玉ネギにはならなかったのである。そこで、明治時代になって、アメリカから玉ネギを輸入することになる。

室町時代に輸入したネギは、それを深く植えるから〝根深《ねぶか》〟という。今日の東京ネギは、その品種に改良を重ねた結果作られたものである。

つまり、だんだん、根を深く植えていき、茎を太くしていって、ついに外国人が驚くような、白い部分がものすごく長いネギを作ったのである。

カボチャは、カンボジアから輸入されたから、カボチャになったといわれるが、大体は東南アジア産の瓜《うり》である。これを日本の土壌に定着させ、だんだんふくらませていって、ついに直径が五〇センチもあるものを作る。

このカボチャを肥大化させる過程で習得した技術が、〝移植〟である。野菜の苗代《なわしろ》を作るという発想は、日本人が、稲作経験から転用して生んだ知恵である。

まず、種を自然発芽する時期よりも寒いうちに蒔く。それを苗代の高温度で保護して成長させ、外気に耐えられるようになると移植する。移植すると、成長は一度止まるが、その後の成長はひじょうに早い。移植することによって生命力を強くするわけだ。さらに蔓《つる》の選択をしていく。栄養の集中を図って、大きくしていくわけである。

瓜《うり》、胡瓜《きゆうり》、糸瓜《へちま》、瓢簞《ひようたん》は、弥生文化の時代にすでに輸入している。これらは中央アジアが原産地で、中国を媒体にして日本に入ってきた。

これらはすべて、元来は食用である。糸瓜は小さくて青いときに食べる。今日でも高級料理屋へ行くと、糸瓜を輪切りにして汁の実《み》に使っているが、これは大きくなると、繊維が固く強くて食用にならない。

そこで、江戸時代になると、糸瓜の成長したものの繊維をとって、ものを洗ったり、体をこすったりする道具、あるいは梱包《こんぽう》用材として使う知恵を生む。梱包用材としては、今日の発泡スチロールの先輩といえるくらい有用だった。

さらに温度や湿気を保存、遮断するから、箱を二重にして、間に糸瓜を詰めて冷蔵庫の代用にしたのである。糸瓜を叩いて平たくして草履《ぞうり》にしたり、茎を切って、根から吸い上げてくる液を〝糸瓜水〟として美顔水に使うなど、実に多様な利用法を発見していくのである。だからつい最近まで、糸瓜は、各農家で必ず栽培する品種のひとつになっていた。

瓢簞も食料だが、これは中国人が川を渡るときの浮子《うき》として、日本に輸入される前から用途を開発していた。中国人は昔、瓢簞をかかえて旅をしたという。川があると、瓢簞の中を空《から》にして体につけ、浮子輪《うきわ》代わりにし、川を渡りきると、川の水をつめて山を越える。瓢簞が、水難除《よ》けのまじないになっているのは、これに起因している。

日本には、主に食用として入ってくるから、瓢簞を描いたものとしてはいちばん古い桃山時代の絵を見ると、中国のように丸くなく、長い。この絵は瓢簞の棚《たな》の下で夕涼みをしているものだが、胡瓜のような形をしている。

これをまた、用途によって、丸くしていった瓢簞（ユウガオ）の果肉を薄く切って、干したものが、〝かんぴょう〟である。江戸時代の生産物で、〝干瓢〟と書くが、この瓢という字は〝瓢簞〟の〝瓢〟である。瓢簞の青いときの肉を太陽の赤外線にさらすと、甘味ができてくるが、これが干瓢の甘味である。

どうして日本の品種改良技術は世界一になったか？

胡瓜というと、今日では青いものの代名詞のようになっていて、青白い男を〝胡瓜みたいなヤツだ〟というが、あれは間違いである。元来は胡瓜は黄色いから〝黄瓜〟——黄色い瓜だったのである。胡瓜は、熟すと黄色くなる。元来は、黄色くなってから食べたものだ。

胡瓜が、黄色くなるまで待ってもらえなくなったのは、甘味においてはかなわないマクワウリが輸入されたためである。さらに白瓜がある。

瓜の種類は、輸入によって奈良時代にいっせいに増える。すると糸瓜同様、瓜の持っている汁液を化粧の下地とかファウンデーションに使うし、一方、食用のほうでは、漬物を開発して保存がきくようにした。こうして、用途をひじょうに拡めていって、これもまた農村の自家栽培必需品として定着する。

瓜以外の栽培植物では、アブラナ科植物のカラシ菜《な》、小松菜など、すべて渡来種で、中では白菜《はくさい》がいちばん新しい。白菜の渡来は明治三十八年である。これ以外の野菜は、ほとんど江戸時代以前に渡来している。

それが日本へ来ると、原産地のものより必ず大きくなっている。大きくならないものは栽培をやめている。昔から日本人は〝大きいもの〟が好きらしい。

白菜は、元は山東白菜《さんとう》といって、中国の山東省の産で、何本かを束にして店先に並べる程度の大きさのものである。中国人が来て、日本の白菜を見て〝化《ば》けものになっている〟と驚いたという話があるが、実際、日本人は、何でも大きくしてしまうのが本当に好きだ、としか言いようがない。

明治九年に、北海道開拓使庁が札幌《さっぽろ》農学校をつくった。今日の北海道大学の前身だが、農学部に西洋の教師をどんどん雇って、今度は西洋野菜の輸入栽培をはじめる。キャベツ、トマト、ジャガイモ、それに、米国の玉ネギ――これも洋野菜と呼んでいる――それから西洋野菜が入ってくるのだが、日本人にはすでに中国を媒体として、アジアの野菜を定着させた経験があるから、特別な栽培法を必要とするものでないかぎり、あっという間に日本全国に西洋野菜を定着させ、トマトなども、ずいぶん大きなものを作ってしまった。今日では栽培の困難だったアスパラガスも、パセリもセロリも、そのほとんどを定着させてしまっている。

定着させた上で、優秀な品種を作っていくのである。この過程で、土壌改良の方法や移植といった古代の知恵が、ひじょうに役立っていることはいうまでもない。

輸入植物の触発が生んだ古代人の知恵で、もうひとつ大きなものが〝継ぎ木〟〝挿《さ》し木〟の知恵である。

木犀《もくせい》、沈丁花《じんちょうげ》といった観賞用植物は、元来は渡来植物である。花は咲くが実はならない。そして、咲いている花はすべて雌花《めばな》である。なぜなら、日本の酸性土壌は、植物の染色体を変えてしまうので、雌花は残るが、雄花《おばな》やおしべはダメになってしまうからである。要するに、動物でも植物でも、雌は環境の変化に強いが、雄は弱いというひとつのあらわれであろう。

そこで、私たちの祖先は、雌ばかりになった木犀や沈丁花、イチジクを殖《ふ》やすのに〝取り木〟や〝挿し木〟、あるいは〝継ぎ木〟といった方法を工夫して、今日では、世界一の技術にまで発達させたのである。

猛毒の彼岸花《ひがんばな》を、なぜわざわざ輸入したのか？

雌花だけになった植物自身も、自分だけはしっかり生き残れるように、挿し木や取り木だけでも殖える、雄花を必要としない性質に変わってしまうのである。

中には、水仙や彼岸花のように、球根で殖えていく性質に変化したものもある。

彼岸花のことは前に述べたが、これを、渡来種だと私が知ったのにも、実は小さなエピソードがある。

学生時代に、北海道から東京に来ていたある友人が、柿を指さして〝あれは何だ〟というのである。「なんだ、あなたは柿を知らないのか？」と驚くと、「知らない」と言う。ちょうど、九州の人間がリンゴの木を見たことがないようなものだが、そこで、ふと、「彼岸花は知っているかい？」と聞いてみた。「知らない」と言う。

先述したように、私は山が好きで、よく歩くが、そのたびに気になっていたことがあった。小さいころ、墓地や川の土手などに咲いている彼岸花をよく見た記憶があったが、それが人里を離れた山に行くと、絶対に見かけないのである。すると、これは渡来植物かなと、平安時代に編纂《へんさん》されたわが国最初の分類体百科事典である『和名《わみょう》抄《しょう》』を見ると、名前が載《の》っていない。すると、渡来したとすれば平安以後である。しかし、別に観賞用でもないのに毒だという彼岸花を、なぜ輸入したのか。

そんなとき、盛岡《もりおか》（岩手県）の町で、全国で九十万人もの死者を出したといわれる天明《てんめい》飢饉《ききん》のときに、彼岸花の市《いち》が立ったという記録をみつけた。それで、やっと、飢饉のときの非常食用に、人が踏まない所に植えておいたのだな、とわかったが、いまひとつ、渡来植物だという確信を持てなかった。そのときに、北海道の友人が彼岸花を知らない、と教えてくれたので、私なりの確信を持ったのである。

柿は南方の植物で、北海道の彼が知らないのは不思議ではないが、彼岸花は対寒植物である。もし、日本に自生しているとしたら、九州にあって、北海道にないはずがないのである。

北海道が開拓された歴史は新しいから、彼岸花が渡来植物だとすると、北海道にないのは不思議でない。

私の推理では、彼岸花は中国の揚子江《ようすこう》付近に自生しているから、平安の末期か、鎌倉時代に、揚子江近くから禅僧が日本に持って来たものだ、と考えるのがいちばん妥当だと思う。

その彼岸花も日本へ来てから、2章で述べたように、雌花だけになり、十年に一メートルという緩慢な速度で、球根で殖えていく。

背景のドラマは彼岸花に似ているが、もう少し人間に親《した》しまれているのが水仙《すいせん》である。

水仙は花屋に売っているから、栽培植物だと思っている人が多いが、実は渡来植物で、彼岸花のように野生化させて植えてある植物のひとつだ。

野生水仙は、千葉県から潮岬《しおのみさき》（和歌山県）までずっと太平洋岸に分布している。潮岬の崖下あたりは、シーズンになると、野生水仙が美しい花を咲かせるが、この球根にも毒がある。が、彼岸花と同様、毒を除《と》れば食用になる。

時代が新しくなると、チューリップも輸入されるが、これも元来は野生である。チューリップの場合はまったく毒がなくて、私が食べた感じでは、焼くと栗のような甘味があっておいしい。チューリップの球根はもともと食用だったのである。

こうしてみると、私の感じでは、球根類は多くは食べられるのではないかと思う。ただ、毒があるものがあるから、十分に注意を要する。

これは今後、万一のことがあったときのために記憶しておいていい、祖先が残した大切な知恵といえるかもしれない。

日本の家畜は、すべて渡来種である

石器時代の遺跡を掘ると、牛や馬、豚の骨が出てくる。これは石器時代にすでにこれらの動物がいたことを証明している。ところが、牛や馬は古典にも出てくるが、豚は『万葉集』以前の古典にはまったく出てこない。〝猪《いのしし》〟という名前で出てくる。さらに猪飼《いがい》という名の家もある。猪飼はつまり、猪を飼っていた家ということだろう。本来、猪と豚は紙一重《ひとえ》で、牙の曲率が違うだけだ。

猪は、土を掘ったりする用が足せる程度にしか牙が曲がってはおらず、豚は用をなさないほど曲がっている。その曲率が何度曲がっているかによって、猪か豚かを動物学者は決める。ということは、猪と豚は本当に紙一重しか違わないということだろう。だから古典に豚の名前がなく、猪の名前があるということは、『万葉集』以前の古代は、豚のことを猪と呼んでいた、と解釈すべきかもしれない。

大体、豚を山へ逃がすと、すぐ野生化して猪のようになる。それを、私は満州（中国東北部）で見たことがある。

集落が移動する際に、豚がなんらかの形で残ってしまったのだろう。黒い、猪のような格好をした親豚と仔《こ》豚が、何十頭にも殖《ふ》えていた。私は、元来は飼い豚、つまり家畜だという意識があるから、邪魔になった親豚を何の心配もなく、蹴とばしたのである。

ところが、その途端に仔豚、といっても猪ぐらいはあるヤツが、おそろしい速さで向かってきた。まさか豚が追っかけてくるとは思わないから、私は慌《あわ》てて逃げ出した。

豚は猪と同じだから野生化すると相当に兇暴だし、襲われると殺されてしまう。私は足の速いほうではないが、必死で逃げた。豚、いや、こうなると猪といったほうがいいと思うが、足は速い。とてもかないそうにないので、青くなって、とにかく、近くの木に飛びついてよじのぼった。

すると、さすがに木には登れないから、豚どもはウォーかブォーかうなりながら、木を取り巻き、そのうち木の根の周りを掘りはじめたのである。

案外、利口な奴だなァ、と感心したのはあとのことで、そのときはもう真っ青になってしまった。木が倒れるとえらいことになる。生きた心地がしなかった。だが、さすがに私も人類の端くれである。獣が火を恐《こわ》がるということに気がついて、タバコ用のマッチを取り出して、震える手で発火させながら弾《はじ》き飛ばしたら、ウソではなかった。豚の群れはどこかへ逃げていって、私は命拾いをしたのである。

この経験からしても、豚が家畜化したのは、そう古いことではないような気がする。野生の性質を強く残しているから、すぐ野性にもどるのだ。

犬、猫、馬、牛、豚、鶏、およそ日本人が飼育している家畜はすべて渡来種で、日本人が野生のものを家畜化した例はない。

今日、鶏のヒヨコの雌雄を判別する能力は、日本人が世界的に有名で、外国に技術輸出というか、技術者を派遣しているほどだが、植物の品種改良や動物の交配なども実に上手である。

それは長い間、もともと風土に合わないはずの渡来植物や動物を、定着させてきた伝統が育てあげた能力のひとつといっていいだろう。

4章　住みよい〝人間関係〟を作った日本人

——日本こそ〝女尊男卑〟の国だった

日本語の日常用語は世界一の十四万語

インドのジャワハルラール・ネール元首相は、その著書『インドの発見』の中で、西洋文明の本質が、いかに人間関係というものについて考慮を払っていないかという点について、つぎのように述べている。

「人間関係の問題、まことにこれは（人間生活において）基本的なものであるが、また、いかにしばしば、政治や経済に関するわれわれの激烈な論争の中で、無視されてきたことだろうか。この問題はインドや中国の古い聡明な文明にあっては、こうまで無視されてはいなかった」

今日の日本においても、このような人間関係の無視の風潮は目立ってきている。東京、大阪などの大都会で、アパートの隣人の死を知らずに、一週間、ときには一ヵ月以上も放置しておくといった事件が頻発《ひんぱつ》しているのは、その端的な例である。こういった事件は、明治・大正期などの日本では、まるで考えられなかった。

ネール氏が述べているように、日本も、インドや中国に比べると、欠陥《けっかん》だらけの文明であったかもしれない。しかし、前述したように、自然に対応するために、自然を深く観察し、さまざまな知恵を生み、外来文化に対応して、独創的な知恵を生み出してきたのと同じように、人間関係に関してもまた、さまざまな知恵を育ててきたはずである。

そのひとつに言葉がある。いま、私たちが使用している日用語は約十四万語。『大辞典』（復刻版全二巻・平凡社）は、日本語に関していちばん語数の豊富な辞書だが、収容語数は、なんと七十二万語もある。こんな豊富な言語数を持った民族は他に例を見ない。

言葉とは、人間の感情と生活を結びつけ、人間関係を円滑にしていくための道具だから、この量が多いということは、それだけ、人間関係にも注意を払ってきたという証拠である。

日本語は文法構造がユニークで、外国語に親《した》しみにくいといった事情があって、日本人は、いかにも、言葉を使うのが不得手《ふえて》だと思われがちである。しかし、日本語にかぎってみると、方言、古代語、帰化語、外来語、隠語、敬語、卑語《ひご》……これら、実に多種多様な言葉を、私たちは自分でそれと意識することなく、ほとんど習慣的に、見事に使いわけている。そういう意味で、日本人ほど言葉を上手に使いわける民族は稀有《けう》だといえるだろう。そして、これが、日本人の人間関係をひじょうに円滑にする役割を果たしてきた理由だと、私は考えている。

中でも、珍しいのは、敬語に対する「卑語」である。卑語というのは相手に対して、自分を〝卑《いや》しめる〟ときに使う言葉である。

人間関係をスムーズにしている敬語と卑語《ひご》

かつて、ある文科系の大学の卒業式で、答辞を読んだ学生が、この卑語の使い方を間違えて、問題になったことがある。

答辞を読むのだから、もちろん、その年度の首席の学生だった。女子学生だったが、彼女は答辞を読むとき、「私たち卒業生は……」と言ったのである。彼女は、たちを女性語のつもりで使ったのだろうが、これは歴史的慣行として、明らかに間違いである。

「私たち……」のたちは公達《きんだち》のたちで、これは敬語である。答辞は感謝の気持ちを伝えるための一種の公文書だから、この場合、正確には「私ら（あるいは、私ども）卒業生は……」と言わなければならなかった。〝ら〟というのは、一人称を複数形にした卑語なのだから。

このように、敬語、卑語の使いわけは、日本人が言葉の中で、相手の人格に対する尊重と尊敬の気持を伝えようというところからきている。これは人間関係を円滑にし、きめの細かい感情を生活の中で定着させてきた要因のひとつであった。

西洋では、敬語のある国は少なく、卑語というものは、さらに稀《まれ》で、中国語やヒンドゥ語、その他東洋語の言葉にしか存在しない。

〝ぼく〟は卑語である。〝きみ〟は下部《しもべ》と使用人の意味で、中国人も呼称としては使わない。古文書には出てくるが、現在は使われていない。第二人称は〝你《ニィ》〟ひとつだけである。日本ではそれが何種類もある。〝あなた〟〝きみ〟〝おまえ〟〝おぬし〟……それによって、階級とか自分との関係を区別している。しかも、これが、単に階級的、あるいは人間的な差別という意味ではなく、相手の人格に対する尊敬とか承認を意味する形で使用されてきた。これは私たちの祖先が人間関係を円滑にするための知恵として、はぐくんできたものである。

こうした敬語、卑語のほかに、人間関係に微妙な影響をもたらしてきた要素として、〝方言〟の効用も忘れることができない。

社会的地位よりも義理堅さで人間を評価する

日本人はひじょうに郷土に対する帰巣《きそう》本能が強く、これを支えているのが、この方言である。

これは、相対的に他の郷土を持つ者を疎外するといった点で、マイナスに働く場合もあるが、やはり、郷土意識のつながりによって、個人が社会から脱落してゆくのを防ぐ役割のほうが強いように思う。

東京には、全国の県人会があり、ないのは東京都人会だけである。県人会では、大体、その地方の方言が自由に話され、精神的な解放をもたらし、あるいは近況を報告しあって脱落者をはげまし、ときには就職の世話までして、救いあげていく。方言に象徴される同郷意識が、人間救済の役割を果たしているのである。

日本人の人間関係の特異なものとして、さらに〝義理人情〟が挙げられる。打算というものを、仮に合理とした場合、利害を超えた義理人情というものは、不合理である。

「義理」とは元来、道義的な言葉だった。しかし、日本人はその義理の中に、いつも感情をこめており、単なる道徳ではない。一度、恩を受けた。だから、どういう事情があろうと、返さなければならない。返す相手がたとえ不合理なことをやっていても、返さなければならない。これは明らかに道義だけでは割り切れない。とすると、やはり不合理を含めた感情表現が日本人のいう義理なのだといえる。

さて、「人情」というのは、これは一切打算を超えた感情のことで、合理主義とはまったく関係がない。

そこで、日本人は義理と人情を二つ重ね、人間同士が生きていくうえでの、社会生活を支える紐帯《ちゆうたい》、絆《きずな》として、封建時代から定着させてきたのである。

私は、その典型的な見本は、〝がめつい奴《やつ》〟と呼ばれる大阪人気質《かたぎ》だと思う。

大阪人は金銭に亡者《もうじや》のごとき執着を示し、がめつく、いかにも合理的に割り切った生活をしているように見せてはいるが、その実、大阪人ほど不合理なことが好きな日本人はいない。

統計によると、ギャンブルが一番盛んなのは大阪である。なぜ、盛んかというと、それを支える大阪人気質があるからである。バクチで文無しになった人には、惜しげもなくお金を貸すといった風潮があるからである。

商売に失敗したといっても平然としている大阪人が、バクチや女で無一文になったというと、すぐホロッとする。

「そら、えらい災難やったなぁ。悪い夢でも見たと思うて諦《あきら》めなしゃあないわ。まあ、少ないけど、これ、なんかの足《たし》に使《つこ》てんか」

彼らは、喜んで援助するのである。

こんな具合で、合理よりも、不合理によって心を動かされるのが大阪人である。が、めついというのは商売の上のことであって、日常の生活ではまるで反対なのである。

ここらあたりの人情味が、大阪人の救いではないかと、私は思うのである。

あれがドライさばかりだとつまらない――こういう見方も、実は日本人的なのだが――、とにかく、大阪人にかぎらず日本人は、「あいつは義理堅い奴だ」というと、少々、とぼけた人間も尊敬するし、「人情もろい人だ」というと、社会の転落者であっても大事にする。

日本人は、人間を評価する場合に、社会的な地位とか価値とは別に、もうひとつの基準を持っている。それが義理人情なのである。

「社長だか会長だか知らんが、あいつは義理人情を知らん奴だ」となると、その人物の評価はまるで逆転してしまう。

贈答思想は〝義理人情〟の変形

日本人は、このように、まったく違った二つの価値観を上手に使い分けることで、相互救済や、自分や他人が社会から転落するのを防ぐ、生活の手段を持っている。

義理人情とは、日本の激しく変化する自然、それによっていつ揺り動かされるかもしれない、不安定な生活を支える方便として、育ててきた〝不合理の合理〟の論理だと思う。

それが、封建社会という不合理な社会体制の中で、人間生活の大切な要素として定着していったといえよう。そういう意味で、義理人情は、日本人が生きていくために育てた大きな知恵のひとつである。

いま、私たちはそれを断ち切ろうとしている。そうすることが近代的だと思われている。私自身は近代的であるということと、義理人情を重んじるということとは、まるで対立しないと考えているが、どうしても対立すると思うのなら、義理人情を捨てる前に、そうすることが得か損か、よく考えてみる必要があるだろう。

実際、義理人情が悪い形で働くこともしばしばある。恩人の子どもが困っているのを見かねて助けてやるのは結構なことだが、「あいつのおやじには世話になったたから、今度の選挙では、投票してやらなければ……」と、とんでもない男に票を入れるように働く場合は困るからだ。

こうした義理人情が、形になって現われたものに贈答思想がある。具体的に物品をプレゼントする理由はなにもないのだが、自分が恩義を忘れていないことを表現するために〝お盆〟と〝暮れ〟に物品を贈《おく》る。お中元とお歳暮《せいぼ》である。もらったほうも、それを利益とも思ってないし、負担にも感じないで〝お返し〟をする。この贈答思想というのは結局、心を物質にかえて表現する、義理人情から出た表現形式のひとつである。

日本人は、他の言葉はたくみに使うが、ことが恩情とか愛情の表現となると、途端に不得手になる。だから、それを物品にかえて表現したがる。

年賀状一枚でも、単に通信手段としてではなく〝心を通わせるもの〟として見る。この習慣を利用した〝中元大売出し〟とか〝お歳暮大売出し〟などという贈答習慣のためだけの商法は、日本特有のものである。

こうした贈答思想、ひいては義理人情が、かつては日本の社会を支えてきた人間関係の紐帯《ちゅうたい》であったことは、まぎれもない事実であり、日本固有の風習として、歴史性がある。

私は、この義理人情という伝統的な発想を、現代社会に適応させ、内容を少しずつ変質させながらも、残していったほうが、やはり人間関係はスムーズになるのではないかと考えている。

三行半《みくだりはん》を出すのは、ほとんど不可能だった

また、日本人は男女関係において一般に、男尊女卑《だんそんじょひ》の歴史を持つように思われているが、これはひじょうに疑問である。

むしろ、世界でもめずらしいほど、女性中心の歴史を持っていたと言える。

江戸時代の離婚制度について見ても、今日では、亭主の「三行半《みくだりはん》」一枚で、妻との縁が簡単に切れたように考えられているが、これは大変な間違いである。「三行半」自体が、そう安易に出せる代物《しろもの》ではなかったのだから。

うかつにあんなものを出すと、大変な目に遭《あ》う。そのため、「三行半」、俗に離縁するときの条件が〝お定め書き百ヵ条〟に書いてある。

第一に、妻が受胎しておれば、どんな理由があろうと、出産するまで、離縁するこ

とは禁制になっていた。

第二に、女性が結婚するときに持ってきたものを、紙一枚でも夫が使えば、もう離縁はできない。妻が持ってきたものは終始、妻の財産という意識があった。女性は結婚しても、紋付の紋は実家の紋を付けている。夫の家の紋は付けない。これも自分の所有権の表示である。もし、この妻の紋付の着物を夫が質《しち》にでも入れると、夫が罰せられたのである。

だから、女は三行半を出されると、わざと紋付などを売っ払ってしまう。すると、夫が引っぱられて牢屋に入れられ、離婚どころではなくなってしまうのである。

落語の古今亭志ん生《ここんていしんしょう》師匠、お得意の出しものだった〝風呂敷〟で、次のような夫婦喧嘩の問答がある。

「おう、手前《てめえ》みたいなバケベソ、いつでも三行半書いてやらあ。好きで一緒になったわけじゃなし、仲人《ちゅうにん》にだまされたようなもんだ。……出ていきゃあがれ」

「ああ、いいともさ。いつでも出てってやるよ……。その代わり、私のシャツ返しとくれ！」

「なにいってやがんだよう。手前《てめえ》だって、俺のサルマタはいてるじゃねえか」

夫婦財産の所有権をめぐる、この会話も、お定め書き百ヵ条を頭に入れて聞けば、そのペイソスは一段と増してくるように思える。

第三に、結婚してから、夫婦で一緒に稼いだ財産を亭主が使ったりすると、離縁できない。

したがって、妻の財産を費消したり、妻の所有物に手を付けたり、質入れしたり、ふたりで稼いだものを余計に使ったりすると、もう離婚できないわけである。

それでも、もし、離婚したいときは、賠償しろということになっていた。もちろん、子どもがいると絶望的で、よほど男がまともで、女がひどくないかぎりできなかった。たとえば子どもが産《う》めないといったことでもないかぎり、三行半は書けなかったのだ。そういう意味では、むしろ現代のほうが、男尊女卑で、封建時代のほうが女尊男卑だったと言えるかもしれない。

結納《ゆいのう》とは、日本が女系社会だった名残り

こういう女性上位というか、女性尊重の思想の原点は〝結《ゆい》〟である。

結というのは、結社《けっしゃ》という意味である。人間関係を結ぶ――その結社に入れてもらうのが結婚で、だから、男は結納《ゆいのう》を入れる。これは、男が女の属する結社に入れてもらう儀式なのである。縁結びに納めるものではない。もし縁結びのためなら、女が男に結納を入れてもいいようなものである。ところが、そうではなかった。

日本の家は女が中心で、女が結の中心だったからこそ、そこへ入れてもらうには、男が結納を納めなければならなかった。

その結とは、元来は紐《ひも》や下帯の結び目に象徴され、そこにはその結社や家の神の魂が結びこまれていた。そのため、各結社によって、その結び目の形が違っていた。そして、その結び目の形は女から女へと伝えられたのである。

古代には、男が旅立つときには、女に下帯を結んでもらうという定《き》まりがあった。これを旅行中にほどいてはならないのだ。

その結び目をちゃんとそのまま持って帰らないと、貞操の証《あかし》が立たない。気が変わって、途中でほどきでもしようものなら、元通りには、その〝結〟の女にしか結びなおせないのだから、身の証の立てようがなくなる。

だから、『万葉集』には、その紐がほどけかかって困っている歌があるし、中には古くなって、ボロボロになって困っている歌もある。

そんなわけで、旅行中は、湯にも入れないし、水浴もできなかったのだろう。それほど女のほうが強かった。だから、いくら江戸時代が封建社会だったとはいえ、三行半《みくだりはん》など、そう簡単には書けるはずもなかったのである。

現代でも、女は家にいて男に仕《つか》え、男が出張に行くときには、やさしそうに身の回り品をカバンにつめてくれているが、あれを愛情からやってくれてるだけだと思うと、大間違いである。

ひょっとして、古代から続いた女の本能のなせる業《わざ》なのかもしれない。

身の回り品というのは、現代の結び目のようなもので、肌にいちばん近く、そのため、女は、どんな小さな異変にでも、気付くものなのである。

つまり、女は男が旅先で何をしてきたかを監視するために、ニコニコしてハンカチとか、こまごましたものをそろえてくれているので、現代でも、女は〝結《ゆい》〟の中心にデンと腰をすえているといってもいいのかもしれない。

家紋は、帯の結び目に由来する

いま、述べたように、〝結〟は帯の結び目からきていて、今日の帯でも実に二百八十種類くらいの結び方が残っている。もちろん、現代のものは飾り結びで、魂《たま》結びではないが。広帯でも二百種類を超えているから、昔の幅一寸五分くらいの絎《くけ》帯を結んでいたころは、もっと種類があったと思われる。

その結び目をみて、女はどこの誰の系統かといった、人間関係を判断したのである。そして、〝結〟の結び方は、それぞれの〝家〟で、独特な工夫をされてきたため、その種類は、実に厖大《ぼうだい》なものになった。たとえば今日、結納につかう水引き結びは三百種以上あるのである。

この〝結〟の発想が、世界でも珍しい日本の家紋の起源になっている。家紋は貴族の車紋や武具の標識から起こるが、中に結び目の形のひとつで、菊とじというのがあって、それがまず家紋化していく場合がある。

その中で、今日でも生きているのが菊の花である。私たちは菊の花の紋は植物から来たと思っているが、元来は、糸を二輪、四輪、八輪、十六輪と結んだ結び目が、菊紋の起源になったのである。

その十六の花弁を持った結び方をするのが、天皇家で、その菊が魔除《まよ》けの花でもあることから、それは天皇家の結の表現として定着したのである。

家紋ができると、その種類には、植物のほか、動物、天象《てんしょう》（太陽や月が起こす現象）、文字図案ができたりして〝家系〟という人間関係を表現するようになる。

これは、世界的にみても珍しいケースで、欧州の紋章にその類例をみるだけである。ただ、この場合は、貴族社会に限られており、日本のように、すべての〝家〟が持っていたわけではなかった。

家紋の発生の起源の一つが〝結〟にあるということから、家紋の種類も厖大で、その総数は、一万一千種類もあった。今日でも、紋帳《もんちょう》には七千余種が収められている。

また、その苗字と家紋を辿《たど》ってゆけば、〝結〟にまでさかのぼれ、血縁関係、血統の証明ができるわけである。

中には役者紋のように、あれはいいから真似してみようと、勝手に作ったものもある。江戸時代、役者など芸人には紋がなかったため、一種の商標として紋章を作ったので、四角が三つ重なった市川《いちかわ》家の三桝紋《みますもん》のように、形のととのったものが多い。

こうした役者紋をのぞけば、その家系は、家紋によって明確に証明できる。

紋付の紋を見て、〝ああ、あの方はどこの何家の人らしいから挨拶《あいさつ》をしなければ……〟といった、人間関係の整理を家紋は作ってきたのである。

武士の場合だと、戦いに行くとき旗に付けていく。その様子を大将が見ていて、「あの紋は誰某だ。よく活躍しておる」ということになり、論功行賞のときに役に立った。

だから、旗指物《はたさしもの》を差していくのは、敵に見せるものではなくて、むしろ、味方に見てもらうためだった。今日、イニシャルやネームプレートを宣伝用につけているのと同じ効果を期待したものである。

家紋は、日本人にとって大切な自己存在の証明のようなものだったのである。

なぜ、古代日本は女尊男卑だったのか？

私は年級《ねんきゆう》行事《ぎようじ》という言葉を使っているが、生まれてから年齢を重ねるにしたがって、人がやらなければならない行事が多々ある。民俗学ではこれを通過儀礼と呼んでいるが、要するに、冠婚葬祭などはこれらに含まれる。

冠婚葬祭の冠は成人式、成女式、婚は結婚、葬は葬式、祭は死後の祭りである。こういうことに代表される儀礼の中で、人間の年級儀礼、通過儀礼をはじめとして、私たちには、人間のつきあいというものがいろいろとある。

元来〝つきあい〟という言葉は、社会性ということの表現で、人間は孤立して暮らせないから、お互い同士が意志の伝達をしあい、お互いの行為を承認しあうこと、それが世にいうつきあいである。

生まれたときは〝誕生〟である。このときも、子どもが生まれた、といって披露《ひろう》する。知らされたほうは、それに対してお祝いを持っていく。これも、今日では贈答儀礼につながっているようだが、元来は、新たな村人の誕生の喜びをともにするという、村落共同体的な共同意識の表現である。

次が成人式、成女式である。男はふんどし親、女は腰巻き親という仮親《かりおや》をつくる。仮親というのは、一種の擬制《ぎせい》家族で、それには集落内の尊敬される親《した》しい代表者を立てる。これも、生まれた子どもは個人の子どもではなくて、村落、集落全体の子どもだという発想からきているわけである。

ふんどしも腰巻きも、ともに腰につける布であって、これには当然、セクシュアルな、性に関する約束があって、仮親は、つまり性の管理者でもあった。

これが日本人の社会的連帯の第一歩であった。この儀式ののち、一人前として認められてから、人はずっと社会人として生涯を送るようになる。だから、こんな儀式がキチンとした意味を持った時代は、一面、何をするにしてもルールに従わなければならなかったから、ひじょうに窮屈《きゅうくつ》だったともいえる。

ふんどし親、腰巻き親はその子どもがやがて結婚して家庭を持ち、子どもを産んで生活を維持していくときの保証人であり、指導者だったから、もし失敗しても、責任を持ってくれるし、指導もしてくれる存在だった。要するに、ふんどしや腰巻きといった、ひじょうに即物的な言葉で表現される生活の協力者たちを、村落内に置き、スムーズに成長させる。それが成人式、成女式という儀式であった。

結婚式に至っては、さらにこの人間関係を深めていくための儀式以外の何ものでもない。前述したように、元来の結婚は、女の家に男が入れてもらうためのいわゆる招《しょう》婿婚《せいこん》だった。女の属する血縁結社である結《ゆい》という労働結社に、男が入れてもらうときに結納《ゆいのう》を納める。後になると、結納という物品を女の家のほうに贈って、女のほうが男の家に来る習慣になるが、その場合でも、必ずもう一回、嫁が里帰りをする。その里帰りが、婿入りの形式である。

いうならば、結婚式は最初、男が女の家に通《かよ》っていく形がもとで、後世になって女が男の家に入ることになるのだが、実は今でもある。女の家を訪問する里帰りは、招婿婚としてのはじめの結婚の様式が嫁入り婚時代にも残ったものである。

いわば里帰りの風習は、古代の母系中心時代、男が女の家に行った結婚の形を、今日でも残している〝痕跡《こんせき》〟なのである。

結び目や家紋の起源でもわかるように、日本では、母系のほうが長く社会の中心だったのである。だから、両親を〝父母〟と書いても母（おも）父（と）と発音するし、〝夫婦〟も、夫を先に書くのに〝めおと〟と女のほうを先に発音する。

住居にしても、母の住むほうが〝母屋《おも》〟で、そこで子どもが養われる。女性はつねに中心的存在であった。

封建社会では、男子支配になったが、今日でも、それをくぐり抜けて、儀式や言葉の中にまで女中心の社会形態が姿を残している点に、日本社会の重層性がみられる。

冠婚葬は村落共同体を再確認する儀式

結婚式には、日本では、新郎新婦よりも、彼らの親、実家の親戚関係が中心に招かれる。これは結局、自分たちの子どもが、夫婦として社会に組み込まれたことの承認を願う行事、当人の結婚ではなく、家と家との結婚だという観念が残っているためだろう。これは日本人の生活習俗、社会共同連帯的生活の現われだと思う。お互いの両家が完全に密着することによって、助け合うという共同体的な再確認儀式が結婚式だったのである。

葬式もまたそうであった。大体、今日でも、地方に行くと、葬式は村落全体の行事である。

お葬式の日は村中が仕事を休んで手伝ったり、共同炊事《すいじ》をしたり、葬式に必要な労働の負担を分担する村落共同体もある。

しかも、もし、未亡人が残った場合、彼女ひとりではその田を耕せないから、みんなで共同で手伝って耕してやる。やがてその子どもが一人前になると、村人たちは共同で耕していた田畑を、その子にゆずってやるのである。結局、冠婚葬祭のうち、祭(この祭りは、死後の祭りなので個人的なもの)以外は、村落共同体の再確認の儀礼だったといっていいだろう。こういう点で、日本の家の観念、村の観念は、近代社会に入ってもなかなか崩壊しないのだ。

飢饉《ききん》・天災から日本人を守った儀式

こうした村落形態は、前近代的で社会が停滞しているという発想が、今日では強いからだが、逆にいえば、日本のように零細化された農業経営だと、個人では共同体的生活、コンミューン的な発想をしなければ暮らしていけなかったのである。そういう社会生活の必要が生んだ発想が、冠婚葬祭に現われる共同体的発想だったと思う。これを単なる社会の停滞というだけでは理解できないものだと考える。

それのいちばん大きく表現されたのが、〝お祭り〟、つまり村祭りである。

村落の祭祀《さいし》、村祭りは全員が仕事を休んで、一同が共通に信ずる神社に集まって、いろんな共同行事やレクリエーションが行なわれる。知識や情報の交換、あるいは、いろんな披露《ひろう》、たとえば誰と誰が婚約したといった披露が行なわれる。そういう場所が、村祭りであった。

この村祭りの中の、悪魔払いに関係のある宗教行事が、今日の芸能、お神楽《かぐら》とか獅子《し》舞《ま》いになっていくが、こうした行事もみな、村落共同体として執《と》り行なわれたのである。

しかも、この村祭りはいわゆる宣教宗教——宣教によって拡がっていく宗教——を超越したところにあった。仏教徒であっても、キリスト教徒であっても、天理教徒であっても、すべてそういう宗教、宗派を超えたところに村祭りがあった。私は、祭りというのは、宗教的な行事だけれども、宗教ではなく、単なる信仰的行事だと思う。なぜなら、宗教だと教義、教祖がいなければならないが、神社には教義もないし、教祖もいない。結局、自分たちの生活の精神的保証と道徳意識というか、共同意識、それを再確認する場として神社が祀《まつ》られているのである。

日本の社会がなかなか近代化しない、崩壊しないといわれるのは、こうした共同体の仕組みが、善《よ》し悪《あ》しは別として、かなり軟構造に、しかも、日本人の生き方に適応して完成されていたからだろうと思う。

祭りも含めて、これら古い習俗は、必然性があって、しかも風土と生活に密着した古い習俗だったので、これを愚かな習俗だと評価するのは、正しい考え方とはいえない。

こうした共同体的発想が、飢饉《ききん》、天災といった災難から日本人を守ってきたのである。共同体的発想のない地域、または国においては、個人が単位だから、天災などにはひじょうにもろい。日本で村落が滅びなかったのは、先述したように、人と人が家と家を通じ、何回となく重複してある年級行事、さらに、つぎに述べる年中行事によって、連帯意識を確認し、助け合ってきたからである。そういう意味では、村落共同体の発想は、ミニマムな相互扶助の知恵だったのだと思う。それがひいては、県人会的な発想にもなっているわけだ。

女性を仕事から解放する目的もあった五節句

年級行事が、人間生活の時間的な縦《たて》の行事だとするなら、年中行事は、一年のサイクルで繰り返される横《よこ》の行事である。

年中行事は、中国の陰陽《いんよう》五行の信仰や、仏教のみたま祭りなどに由来するものもあるが、やはり発想の原点は、日本の主要生産物であった稲作農耕にある。

稲作のスケジュールにそって、年中行事がうまく配置されているのである。

一月一日、三月三日、五月五日、七月七日、九月九日のいわゆる五節句、これはひとけたの奇数が重《かさ》なる日を節句とした中国の発想である。だが、この日を日本の農事暦に重ねると、旧暦にある稲作の労働スケジュールと、大体において符合するのである。

一月一日は、農耕を開始する季節、三月三日は田の苗をつくったり、所によっては田植えを始める季節、要するに稲作農耕が本格的に始まるときである。五月五日は草取り、七月七日になると、いよいよ最後の草取りをして稲の取り入れ準備が始まる。そして九月九日は取り入れ――というぐあいに、ひとつには、農耕スケジュールを大《おお》把《づか》みに頭の中で再確認させるための行事が、年中行事の一側面である。ただ、今日の太陽暦だと一ヵ月前後おそくなる。

さらに、そういう農耕の重労働周期に節句を持ってきたのは、まず体力をつけることを第一の目的としている。1章で述べたように、健康管理にいろいろな高カロリー食品や薬草を食べ、精神的な英気をも養って、重労働に耐えられる体力をつけるのだ。

第二には、すべての女性を労働から解放するという目的があった。節句という公認の祭日をもうけて、家事や育児など切れ目のない労働から、強制的に解放していたのである。

私は、年中行事こそは、日本人の生きていく知恵を凝《ぎょう》集《しゅう》したもの――農耕社会において、予定を立てさせ、健康を管理し、女性を休ませる、そうすることによって脱落者をなくそう、という遠大な考えがつくりあげた、見事な生活の発想だと思うのである。

それを科学といわずに、おひな様を祭るとか、鯉《こい》のぼりを立てるとかいった祭りにして、ムードで表現し、さらにムードを表現するために、信仰を持ってくる。そうした精神性を持たせて、同時に精神の解放をはかる――起源をさかのぼってみると、ひじょうに合理的な発想がある。だからこそ、年中行事が、なぜという理由を問わないでも、なかなか滅びない理由だと思う。これを逆にいうと、もし、こうした深い合理性がなければ、年中行事は封建社会、近代社会をくぐり抜ける間に、すでに滅びていたと思うのである。

芸道で学ぶべきものは、技術ではなく精神

日本人は、こうして合理的な、あるいは科学性を持った生活の知恵を、年級行事、年中行事といった、一見非合理な習慣とか風習に変えてしまって、定着させる特質を持っている。これをさらに個人的なものにしたのが、〝芸道〟と呼ばれるものである。

茶道《ちゃどう》というのは、健康のために薬を飲む技術である。そこに〝作法〟を付けて禅宗

の修行の場に使ったのが、茶道の発端《ほったん》だが、これが民間へ入っていくと、これは逃避《とうひ》文化になる。

薬から発生して宗教に使われ、社会的な逃避の場になったお茶、それを日本人は〝茶道〟と呼ぶが、道とはプロセス、過程のことである。要するに、お茶の道というのは、どこに行く道かというと、茶というものを媒体《ばいたい》にして、人生とか自然の悟《さと》りを得るための道である。つまり、悟ろうとする努力の過程が〝道〟なのであって、悟ってしまったら、それはもう道でなくなる。

したがって、日本の芸道が、西洋の芸術と違うのは、未完の美に価値を置くところだ。完成したものを日本人は、美とは思わない。

華道《かどう》もそうである。華道にも、完成というものはない。それは花を活《い》けるという行為そのものに価値を置いてあるので、活けられた花はその表象にしかすぎない。

さらに香道《こうどう》もそうである。匂いを嗅《か》ぐことによって、人生完成のプロセスにするのであって、他の誰よりもよく匂いを嗅ぎわけるということが、究極の目的ではないのである。

茶道も華道も香道も、そういう意味では同じ〝道〟である。このプロセスによって、心を鎮《しず》めるとか、人間の精神生活、今日的にいえば、メンタル・クリニックの役割を果たさせるものであった。いわゆる精神科的な科学なのである。それを人間完成へのプロセスだということを裏にかくして、一見、合理性のない〝道〟という形で発想する。私が日本人の発想の原点を〝不合理の合理〟と呼ぶのは、こういうことを指している。

だから、茶道も華道も香道も、単に技術を習得するために、わずかな期間だけ学ぶというのは、本質的にはあまり意味がない。これは死ぬまで続けてこそ、〝道〟の意味があるのである。

日本の芸道から学ぶべきは、技術でなく、技術を通して、その裏にある〝精神〟、自然から学べる静かな心や精神状態、人間との関係をスムーズに深くしていく心なのである。だから、発展や進歩という概念はない。西洋の芸術が、つねに新しいものを求めて発展進歩を善《よ》しとするのと、ここで根本的に異なっているのである。西洋は結果を尊ぶ。日本は過程を問題にする。大きな違いである。

相撲《すもう》は豊作祈願の信仰から起こった

昔の人は、レクリエーションの一種を〝野遊び〟と表現した。野遊びというのは、野に行って野の精霊《せいれい》を体に受けてくることである。

自然の精霊をいつも受けることで、生命の再生産をやる。具体的には野に行って、新芽を摘《つ》んで食べられる野草を食べる。あるいは海辺に行って、新しい魚や貝を拾って食べる。地方によっては〝浜遊び〟とも言う。そういう新しい生産物を採って、新鮮なものを食べて、自然の精霊と触れ合うことがレクリエーションであった。

今日では、働いたから休養する、それがレクリエーションであるが、古代人は、まず休養して、魂の再生産をしておいて働く。つまり休養が先であった。どっちがいいかは問題だが、私は古代人の発想のほうが健康だと思う。

したがって、古代人のレクリエーションはすべて、信仰に通じている。

レクリエーションのひとつであるスポーツも、占い、あるいは娯楽だと思っている。

相撲は、しめ綱を巻いてしこを踏む。しこを踏むというのは、地力《じりき》を高める呪術《じゅじゅつ》である。ドシンドシンと土を踏むから、地面の力が震動して、よく物ができるというわけだ。だから村相撲をとって勝ったほうが豊作だ、という占いでもあった。しめ綱を巻くのは、神に仕える姿で、相撲取りは神の奉仕者である。塩を撒《ま》くのは、体を清める儀礼である。村の鎮守《ちんじゅ》には力石《ちからいし》という大きな石があって、それを何回持って歩けるかというスポーツもあった。それも、農耕社会で力業《ちからわざ》が必要だったから、長い距離を石を持って歩けることは、神の加護《かご》が強いことだと祝って、それを奨励したのである。

長崎や熊野《くまの》（和歌山県）にあるペーロンと呼ばれるボートレースも、勝った村が豊作だという信仰があった。レースに勝つだけの若者がいるということは、それだけの労働力があったということでもある。結局、力強い労働力を養うために、信仰というオブラートに包んで、スポーツをやったわけだ。

出羽《でわ》三山に登ること自体は、登山スポーツである。しかし、出羽三山に登ることは、神に近づくことでもある。神に近寄ればひじょうに幸せをもたらされるという信仰があって、この登山スポーツをはやらせ、肉体を強くしていこうという考え方である。

これらはすべて、明日のためにいま休養したり、薬品を摂《と》ったり、スポーツをしたりして体力をつけるというレクリエーションの思想から発想されたものである。レクリエーションは、労働後の〝休養〟のためではなかったのである。

魂の再生産を目的とした切腹の様式

日本人の死生観は、死んでも霊魂は残るという霊魂不滅型である。死ぬことは、価値観の変わった世界へ行くことだと考えるから、わりあいに楽しんでというか、サッパリと死んでいく。

その発想に輪をかけたのが、仏教の往生《おうじょう》思想である。極楽《ごくらく》へ行って生まれ変わるという往生思想が、日本になぜ、簡単に入ってきたかというと、それは、こうした日本人の死生観がもともとの土台としてあったからだ。

日本神話の中では、死者は常世《とこよ》の国とか黄泉《よみ》の国に行く。真っ暗な所を通るけれども、やがて高天原《たかまがはら》に上っていくと、再び地上に下りてこられる仕組みになっている。だから、日本人の死生観の中の死の観念は、永久不滅の生命力を信じていた。本当に永遠の死はないと信じていた。

それが、西洋では理解できない〝切腹〟という死に方を生む。

日本人には壮烈な死に方が、人間の人格や潔白さや、あるいは、その人の性格の美しさを表現するという発想がある。なぜ腹を切るかというと、死に方が残酷であればあるほど、壮烈であればあるほど、魂は完全に再生していくと考えたからである。また、そういう壮烈さが、強い魂となって、死後に生前果たせなかった相手を克服したりできる、と信じたからだ。

切腹や心中《しんじゅう》という自殺の形式は、こういう死生観が原点になっている。ついでながら、心中という言葉には、いろいろな説があるが、私は、忠義の〝忠〟という字を逆《さか》さまにして〝心中〟としたという説を採《と》る。つまり、武士の忠義というものに対する庶民の抵抗の姿勢がこめられていると思う。忠義に代表される封建時代の非人間的な秩序に反逆した死に方を、つまり、相対死《あいたいじに》を、心中というわけである。

だから、心中のやり方も、お互いを傷つけ合って死ぬ方法をとった。そういう壮烈な死によって、魂が浄化される一方、生前の怒りを死後に残し、二人は理想の世界に生まれ変われるとしたのである。

切腹は、この思想の典型をなすもので、それにはいろいろな形式があった。三島由紀夫《みしまゆきお》のそれのような一般的なものから、立ち腹という方法まである。

慶応四年、明治維新当時に堺事件《さかい》というのが起きた。堺を警備中の土佐《とさ》藩兵が、フランス水兵十一名を殺害した事件で、そのためフランスから関係者の斬罪と賠償が要求され、土佐藩士が妙国寺《みょうこくじ》でフランス公使のリオン・ロッシュの前で、つぎつぎに腹を切った事件である。そのとき、六番隊長の箕浦猪之吉《みのうらいのきち》が腹を切っても〝ご介錯《かいしゃく》〟といわないものだから、介錯人は首を落とせない。仕方がないから黙って待っていると、箕浦隊長は、ぐっと内臓を取り出して自分の前の地面に整理して並べ、血で辞世の歌を書き、残った内臓をつかんでリオン・ロッシュに投げつけた。リオン・ロッシュは、脳貧血を起こしてひっくり返り、そのために切腹は中止になった。そこで、〝賠償金を値引《まけ》ないと、もっと切腹させてやる〟とおどかして、とうとう十五万テールに値切った。その代わり残った同隊は、許されたのを恥として、翌日、大坂の大江《おおえ》橋《ばし》の上で全員そろって切腹した。

この事件で箕浦隊長が行なった切腹は、腹を十文字《じゅうもんじ》に切るやり方だった。十文字に切ると、すわっているから心臓や肺臓、胃に押されて、横隔膜の下の内臓が押し出される。

それを形によって大小腸のようなものは横に並べ、膵臓《すいぞう》、腎臓《じんぞう》、脾臓《ひぞう》は一ヵ所に集めて、その分類が終わったら、息をひきとるという、もっとも行儀のいい死に方である。

切腹は貧血死だから、長い者で三十分、短い者で十五分、意識がある。その間にそれをやってのけ、後に、介錯を受ける。

今日考えると、劇画のように思えるかもしれないが、やってる本人は、自虐性が強いほど壮烈で、魂は再生産されると信じているから、真剣であった。

なぜ、位牌《いはい》を持って逃げるのか

さらに女の切腹で、立ち腹というのがある。

これには有名な事件がある。自分が嫁に行って、夫がだらしないから実家に借金に帰る。すると、実家で〝何の金だ〟といわないと金を貸さないというので、怒ったその女は、庭で立ち腹を切ったというものである。婚家へは帰れないし、実家へ帰ったら怒られた、自分の立場がない。夫の名誉を守るのが使命だ、というのが理由で、この事件は柳本藩《やなぎもと》（奈良県）で実際にあった事件である。

立って腹を切るときも、十文字に切る。すると内臓が飛び出さずに血が噴《ふ》き出る。

大体二十分くらいで貧血で倒れるが、それまで仁王《におう》立ちになって我慢するわけだ。大変な持久力が要《い》るが、痛さは皮膚の下を切るときだけで、あとはあまり痛くないらしい。

日本人は肉体は滅んでも、霊魂は不滅だという、いわゆる〝霊肉二分説〟的発想だから、切腹といった特異な風習を生むのだが、これがまた、死者のあつかいをも特異なものにしている。死ぬと、肉体と霊魂は分離するから、日本人は、肉体を埋める墓と拝《おが》むための墓と二つを作るのである。肉体を埋める墓は、山墓、あるいは捨て墓といって、昔は、実際に肉体を山に捨てに行ったのである。肉体は滅んだのだから、もう拝む必要はないのである。その代わり、霊魂を拝む墓を里墓《さとばか》といって家の近くに作った。結局、両墓制といって、墓を二つ作ったわけである。

その一方の里墓が作れないほど人口が増えたから、自分の家の中へ持ち込んで仏壇になり、位牌《いはい》が里墓になる。したがって、位牌のほうが霊魂のやどる拠《よ》り所になっているのだ。

火事のとき、位牌だけは持って逃げたという話は、日本ではよくあるが、キリスト教などでは考えられない話である。キリスト教の場合は、魂は天国に行って、人間生活の周辺にはいないからだ。日本の場合は、子孫の生活の喜びも悲しみも、全部祖先がそばにいて見守っていて、祈りをすることによって、祖先は子孫を守ってくれる。それが日本の霊魂思想であり、死についての考え方であった。

売春婦《うかれめ》の登場は平安時代だった

こうした霊魂不滅の死生観を持っているから、日本人は当然、生の原点になる性についても、神聖な思想を持っていた。

性器に対する名称にもそれが現われている。女性の性器のことを〝ほと〟というが、これは秀所と書く。秀というのは高いもの、稲の穂、槍の先、〝と〟は〝所〟と書いて場所を指す。つまりすぐれた所という意味である。

性器は、崇拝の対象になる尊いものであった。性行為そのものは崇拝しないが、それも神の行ないにかなったものとして神聖視する。

日本の神話は、性行為が描写してある、世界にも類をみない特異な神話である。つまり、伊弉諾《いざなぎ》、伊弉冉《いざなみ》がミトノマグワイをする部分がそれだ。これは明らかに、日本人の先祖たちが、性行為はひじょうに神聖な行為であって、神の行為だから、それを学ぶ人間が冒瀆《ぼうとく》してはならないと考えていたことを示している。

それが崇拝にまで昇華《しょうか》して、性崇拝の行為が多岐にわかれて、いまなお生きている。道祖神《どうそじん》がそうだし、はだか祭り、雑魚寝《ざこね》祭り、お田植祭り、へのこ祭り、そういう性の祭典が、何百ヵ所に現存している。

日本人は、もともとは性についてはおおらかな感受性を持った国民だったのである。

それが後世になると、性を商品的に売買しはじめる。

売春婦《うかれめ》――私はこの名称を好きではないが、娼婦《しょうふ》は人類の歴史とともにあった。古代ギリシャでは、これをベスターという。ベスターは元は火の神で、各国家都市から巡礼が来て、今日のオリンピックの聖火のように火をもらって帰る。そのときに、聖処女と肉体的接触をしなければならなかった。その神の化身《けしん》である聖処女と霊肉一致して、その火をもらったお礼に、神さまにお金を奉納していく。聖処女はつまり、巡礼と神とを結ぶ媒体であった。

そこから、こうした売春婦をベスターと呼ぶようになったのだが、日本でも同じで、はじめは神と結びついていたのである。

伊勢の古市《ふるいち》とか、奈良の木辻《きつじ》だとか、社寺の参拝に人が集まる門前町には、必ず売春婦がいた。彼女たちは、神の前に仕える人だから〝御前《ごぜん》〟といった。

静《しずか》御前、常盤《ときわ》御前、巴《ともえ》御前などは、――白拍子《しらびょうし》で、神の前に仕えて、神の意志を伝える巫女《みこ》、神がかりを原義とする御前名を持っている。売春婦のことを〝太夫《たゆう》〟というが、これはもともと五位の官人で、神主《かんぬし》のことである。

その神主である太夫の官名を偽称して、結局最後は、自分が、神にささげるお金を横領するのだから、売春行為になってしまう。

それは奈良時代にもあったが、完全に売春婦になるのは、平安時代の白拍子からである。

白拍子は、歌舞音曲《かぶおんぎょく》を奏して演芸を提供し、一方で肉体を提供し、代償をもらう。平安時代には、お金や織物、米をもらった。当時は、天皇も、ときには白拍子と交渉があったようだから、社交機関の媒体者でもあったのだろう。

女七十八人に一人が娼婦だった江戸

鎌倉時代になると、正式に〝遊女の局《つぼね》〟というのをつくって、売春取締まり局にする。売春婦に登録させて、冥加金《みようがきん》をとる公娼制のはじまりである。

それが発展して、豊臣秀吉は、京都の島原を作る。東西両本願寺のまん中に島原をつくって〝太夫〟をすえる。今日では、島原を移転させたので場所が違ったが、もとは両本願寺の中央にあったのである。

秀吉はこうして、近世の封建社会に完全に管理売春を公認、定着させた最初の人物である。

江戸幕府が開設された直後の元和《げんな》六年に、吉原が始まって、各城下町も全部これにならう。

江戸時代の発想は、売春婦から税金は取らないが、その代わりとして城下の警備をやらせるということであった。

城下町の入口に廓《くるわ》をつくって、もし攻めてくる者がいたら、彼らが人足を出して警備しなければならない仕組みにしたのである。

江戸郊外の四宿《ししゆく》、つまり千住《せんじゆ》、板橋《いたばし》、新宿《しんじゆく》、品川《しながわ》は、こうした公認の廓であったと同時に異常な浪費をする人物をマークして、江戸の入口としての役割も果たしたのである。こうした民間の警備施設は、秘密警察の出先機関にもなっていた。

吉原名主《なぬし》は、完全な警察権を持っていて、人相書きに出ている犯罪者が来ると、逮捕することもできたのである。

江戸時代の江戸の娼婦の数は、吉原と四宿、それに私娼窟《ししょうくつ》を合わせると、吉原の二千人を筆頭に全部で一万数千人いた。これは天保《てんぽう》の改革（一八四一〜四三年　老中水野忠邦《みずのただくに》が行なった生活を質素にしようとする改革）のときの数字だが、そうすると、成人の女性の七十八人のうち一人は、売春婦だったということになる。

話が横道にそれたが、こうして、神の行為にならったものだと思っていた性行為が、商品性を持ってくると、そこに蔑視《べっし》観が育っていった。

神聖観の信仰が一方に残っているのに、自分たちのやっていることは享楽だという、二重構造的な感覚ができてしまった。

私は、こうした性に対する二重構造的な理解が、今日、日本人がいまだに性から解放されない原因だと思う。

いまだに、性の問題を整理できず、性に関するものを倫理規定で規制しようとするし、性の祭りでさえも、なるべく一般大衆の目からおおい隠そうとする。しかし、これは大変な矛盾である。

性の問題というものは、放っておけば、自然に人間が知恵を出して処理していくのであって、いくら制限しても、要求があれば、いくらでも潜在的に拡がっていくのである。

私は、性については、古代人のようにおおらかに考えたほうが、健康的な人間関係を送っていけるのではないかと思う。

村八分《むらはちぶ》を非人道の極《きわみ》というのは間違い

私たちの人間関係というものは、日本の場合には、義理人情だとか、言語とか結《ゆい》や家紋、年級行事や年中行事などによって、村落共同体意識を育て、これら全部が集まって〝社会共同意識〟になり、それによってささえられる。

社会共同意識のいちばん小さいものが、日本では家の意識であり、やがて、村落意識、同郷意識、ひいては国家意識になっていった。

先述したように、男女の性生活ひとつとっても、男が勝手に自分だけ満足して、女の歓びを犠牲にすることを強くいましめている。夫婦の間がうまくいかないと、ひいては、身近な人間関係が乱れ、その結果、家が乱れ、国が乱れると考えたのである。

家は、国家をささえる根元だから、家の乱れは国家の乱れであった。だから、目合《まぐわい》（性交渉）はキチンとしなければならない、というぐあいに発想したのである。

日本のもっとも悪い風習だといわれるものに、村八分《むらはちぶ》というのがある。その村に、著《いちじる》しい被害を及ぼすようなことをした村人を、絶縁して孤立させることをいうが、これは世界の人間関係の風習の中で、最悪のもののようにいわれているが、それは一方的な解釈である。

村八分という文字の示すとおり、この断絶は〝八分〟であって〝十分《じゅうぶ》（出産・成人・結婚・葬式・法事・病気・火事・水害・旅立ち・普請《ふしん》）〟ではないことを、私たちは見逃している。〝十分〟でなく〝八分〟であるということは、八分は断絶するが、二分の交際は残すという意味なのだ。その二分は〝葬式〟と〝火事〟である。

絶縁はしていても、葬式、すなわち、その家族たちの中の誰かが死んだときは、村中の人たちは葬式を手伝って悲しみを共にする。

火事に遭《あ》ったときも、みんなで手を貸して手伝う。それ以外の、たとえば結婚式とか成人式といった、喜びごとには手を貸さないという意味である。

つまり、絶縁はしても、悲しい出来事だけは、分かち合おうというのが村八分なのだ。これは、日本人の義理人情の発想とも深い関係があろうが、こんな心やさしい懲《ちょう》罰《ばつ》風習は、私は世界に類をみないと思う。

村八分を村落共同体の最大の懲罰とした、日本人の人間関係の発想の根底には、結局、〝人間は助け合っていかないと生きてはいけない〟という社会共同意識が、最低の基準としてあったのだ。

近代思想の悪の根元はエゴイズム

今日では、私たちは、こうした社会共同意識という概念を取りはずして、直線的に世界人類というものを考える。近代思想では、日本人の家からはじまる段階的な社会共同意識を変える方向で、個人から世界へとつないでいこうとする。

そうした形で私たちは、教育を受けてきたわけだが、過去の歴史を見る場合には、この段階的な社会意識構造を根底に置かないと、理解できないことがたくさんある。たとえば〝家名〟を穢《けが》すという場合に、家は村落共同体の承認のもとにあるから、まず村落のもつ、相互扶助が受けられなくなる。

村落内における支配権、人間管理権、土地所有権が崩壊するわけだ。

それを失うと、ひいては国家との関係を失う。

善悪は別として、日本人の場合は、個人から家族へ、村へ、郷里へ、国へ、人類世界へと積み上げ的に〝世界〟を理解するのが、その世界観だったのである。

個人と世界が対置されて、個人の構成する社会があるという発想は、近代法理論、あるいは社会学理論としては、成立するだろうけれども、私たち日本人の祖先の生活意識としては、それはなかったと思われる。

日本人は、第二次大戦後、〝家〟の概念を変えて、ということは国を解体して、そのうえに社会を意識しろ、ということになったが、こうしたヨーロッパ的近代思想が、なかなか定着しないのも当然である。それは、日本人に社会性が足りないからではない。こうした〝個人——家——村落——……国〟という段階的な社会共同意識に、日本人は長い間、深い配慮をはらっていたからである。

私はここまで、日本人の知恵の深さを述べてきたが、言うまでもなく、それは古い伝統を見直すという立場からである。

ヨーロッパの近代思想が、日本に持ち込んだ個人主義というものは、しばしばエゴイズムの形をとってあらわれる。それは〝競争の原理〟であって、日常では競争することなく生活できた、古代の日本人にとっては必要のないはずのものであった。厳しい自然環境で、共同して稲を作っていかねばならなかった日本人にとって、個人的な競争などする余地はなかったのである。

以上、私は日本人の生きてきた生活の中の知恵というか、生活の合理性を中心に話を進めてきた。知恵という言葉がしばしば出るので、日本人の歴史的な行動のすべてが、知恵であり、善であり、美でもある、と主張しているかに誤解される方があるかもしれない。そして、また、一種の反近代性の承認とか、反動だと思う人もあるかもしれない。

しかし、私が言いたいと思ったのは、ちょうどこれと反対の、何が何でも日本的な従来の生活を不合理・非科学的で、前近代的だとするような誤解が、実は今日きわめて多い。そこでせめて、正しく、日本人にも生きてくるのにはこれだけの工夫があったのであり、その中には、今日捨て去ってはならないものがあることを、強調したいと思ったのである。

一方、日本人の行動や考え方の中に見られる欠点もけっして少なくない。その点は、今日むしろそれを指摘した書物のほうが多いから、それらについて見られたいと思う。私も十分欠点を認めたうえで、なお、そのすぐれた特色も忘れてはならない、と思っている一人である。

[解説] 日本人に勇気と誇りを与えた名著

井沢《いざわ》元彦《もとひこ》

「歴史は繰り返す」とはよく言われることだが、当然愚かな過《あやま》ちも何度も繰り返すということになる。

最近の若い人は――、などというと、まるで自分が本当の年寄りになったようで嫌なのだが、最近の若い人はたとえば次のような歴史を知っているだろうか。

それは「米の飯を食べると人間はバカになる」ということが真面目に信じられた時代があったということを、である。

そんなバカなと、たぶん思うだろう。しかし残念ながらそれは事実だ。しかもその「学説」に医学者や栄養学者のような人まで同調した時代が、ほんの数十年前にあったのである。

日本人の中には主食を米からパンに改めるようにと、大真面目に考えていた人もいた。そういう人がいろいろな本を書き大いに力説したため、一般人の中でも少なからず同調した人がいた。いやそれどころか、米食からパン食に切り替えることがまるで道徳的に正しいことであるかのように、大いに流行した時代すらあったのである。

ではどうしてそんなことになったのか。誰もがその理由を知りたいと思うだろう。それは簡単で、日本が戦争に負けたからである。

一九四五年（昭和二十年）、日本は世界を相手にした戦争に敗れた。それ以前は、日本は世界に例のない天皇をいただく神の国である、というアイデンティティーが日本にあった。これは今からみても、あまりにも国粋主義に行き過ぎた世界観ではあったが、日本人は時代の子として、自分の国を愛してもいたし文化に誇りを持っていた。ところが戦争に敗れたことによって、それが一切否定されることになったのである。

戦争とは文化と文化の戦いでもある。アメリカに敗れた日本は、アメリカ文化の侵入に圧倒された。だからこの時代に育った日本人の中には、今でもアメリカ文化（しばしばそれを西欧文化とこの人たちは呼ぶが）一辺倒で、日本の文化を知らない人やバカにする人がいっぱいいる。これには占領軍つまりアメリカ軍の政策もあった。できるだけ親アメリカ派を増やし、アメリカの占領行政をより円滑たらしめようとしたのである。

こういう人たちは、実は被害者でもある。本来日本人として生まれたならば当然身につくべき文化や習慣を悪として否定され、まったく異文化の洗礼を無理矢理受けさせられたのだから。

具体的な例を一つ挙《あ》げておこう。アメリカ軍は日本に対してチャンバラ映画の禁止を命じた。つまり時代劇を映画館で上映することと及び制作することを厳禁したのである。

なぜそんなことをしたかといえば、時代劇は封建的倫理、感情を助長し新しい民主主義国家の建設の障害となる、からだそうだ。

これもそんなバカなと思うかもしれないが、実際にあった話である。だからちょうどこの時代に育った人は、これ以前の世代もこれ以後の世代もちゃんと見ている時代劇を、見ることができなかったのである（念のため若い世代の人に言っておくが、この時代にはテレビはまだない）。

愛国心つまり国を愛する心がなぜ生まれるか、まずその国に生まれたということだろう。母の国に対しては誰もが親近感を持つ。次にその国の文化に触れることだろう。優《すぐ》れた文化があれば、それは誇りを持つことにつながる。こうして国を愛する心はますます大きくなる。

ところがこの時代に生まれた人は、それが許されなかった。被害者というのはそういう意味だ。好きや嫌いになる以前に触れることさえ許されなければ、当然それ以外の文化の信奉者になる。ある世代にとってアメリカ文化というのはそういうものなのである。

もちろんそれは単にその時代に生まれた人だけではなく、思春期に敗戦を体験した人もそうなる。自分の国が戦争に負け、今までの教科書をすべて捨てるか墨《すみ》を塗って改変し、これからは時代が変わったんだよと言われ、これまで教えられたことがすべて否定されれば、優秀な人でも物の見方が歪《ゆが》んでしまうだろう。

そして実は若い世代の中にもこういう人たちがいる。なぜそうなったかといえば、この人たちは親がその世代なのである。当然そういう親の教育を受ければ、物の見方が歪《ゆが》んでしまうのも無理はない。

日本には「日本嫌いの日本人」がいるといわれるのは、実はこういう事情がある。

私はこういう人たちの言動が正しいとは全く思わないが、それでも同情すべき点はあると思っている。

日本文化と外国文化が目の前に等価値で並べられ、自主的判断でどちらかを選んだのならともかく、この人たちの前にはもともと「いい外国文化」と「悪い日本文化」という選択肢しかなかったのである。

それどころか、日本文化とはどういうものか、ということすら、まともに情報を与えられていなかった、と言った方がより正確であろう。

だからこそ「米を食えばバカになる」などという科学的には全く根拠のない「学説」が多くの人に信じられるということにもなったのである。つまりそこには「戦争に負けた日本人の食生活よりも、勝ったアメリカ人の食生活の方が優秀であるはずだ」という思い込みがある。そして滑稽《こっけい》なことは、そういう思い込みに本来冷静であるべき科学者たちも引きずられたことである。

現代の科学では、むしろ日本食こそ栄養的にバランスがとれ、機能的にも世界で最優秀といってもいい食事であることが認められている。皮肉なことに世界で初めてそういうことを言い出したのは、日本人ではなくアメリカ人の学者である。

読者は、特に若い人はそういう一種の迷信のようなものが、科学者の判断まで狂わせるということが、とても信じられないかもしれない。確かに科学者は正確なデータと厳密な論理に基づいて発言するはずであって、迷信を信じるはずがない、というのが常識である。しかし実際はこうした例は世界中よくあることであり、おそらく現代でもあちらこちらで起こっていることなのである。

そういうことに惑わされないで真実を見抜く目を持つためにはどうすればいいか。それはまさにこうした歴史に学ぶことであり、歴史を知ることである。そうすれば科学者のいうことだからといって、必ずしも科学的に正確ではないこともある、ということが理解できるだろう。

また、今さまざまな文化人によってなされている発言が、実は人類の歴史からみれば、とんでもない偏見であり過ちでもあるということが、理解できることにもなるだろう。今この時代に生きている人々も、実は数年後数十年後に「昔はあんなバカな偏見がまかり通っていたんだ」とバカにされるかもしれないのである。

この事も、若い人は本当にそんなことがあるんだろうか、と思うかもしれない。

一つの具体例を挙げよう。黒澤《くろさわ》明《あきら》監督といえば何の監督か知らないという日本人はほとんどいないだろう。その黒澤監督の傑作に「七人の侍」という作品がある。実は私が生まれた年（一九五四年　昭和二九年）に公開された作品で、戦国時代、野盗の襲来に悩まされた百姓たちが、七人の侍を雇ってこれを撃退し村を守る、というストーリーである。この映画自体はテレビでもＤＶＤでも見ることができるから、若い世代もよく知っているだろう。しかし次のエピソードは知らないのではないか。

この映画を作ったことで、一部の人間がそれも映画評論家や文化人が、黒澤監督を非難したのである。

なぜか？　これは戦力で国を防衛するという「自衛隊の宣伝映画のようなものだ」というのである。笑ってはいけない、本当の話だ。黒澤監督はさぞ心外だったろう。時代劇では敵を倒すのは当たり前の話である。なぜ、こういう批判にならない批判が出され堂々とまかり通ったかといえば、敗戦後まだ九年しかたっておらず、先ほど述べたような、ものの見方が歪んだ人々が、まだ大きな発言権を持っていたからだ。

そうした中、一方で「米の飯を食えばバカになる」といったような迷信が、堂々と科学者の口から語られていたのである。

こうした一種の文化的閉塞《へいそく》状況を見事に打ち破ったのが、本書『梅干と日本刀』なのである。

戦前のように独善的排他的な国粋主義に偏《かたよ》ることなく、外国文化の優れた点を認めたうえで、客観的に日本文化の美点をとらえている。

いわゆる「日の丸弁当」がとりあえずカロリーを得るためには実に優れた労働食であることを教えてくれたのも、この本だった。

そして西欧に比べて一見不合理・封建的に見えるさまざまな習慣も、実は深い英知に支えられた民族の文化であることを教えてくれたのもこの本だった。

逆に、若い読者にはそんなことは当たり前だよ、とすら言われかねない現状だが、冒頭から述べたように、それは決して当たり前ではなかった。むしろ逆風の方が強かったのである。それを正しい方向に変えた最大の功労者が、この樋口清之《ひぐちきよゆき》氏の『梅干と日本刀』なのである。

この題名は、この二つの「発酵《はっこう》食品と工芸品」が日本文化を代表するものであることと、占領時代、アメリカ軍の立場から日本文化を分析し日本を「恥の文化」の国であると規定した『菊と刀』（ルース・ベネディクト著）に対抗したものであろう。

まさに、日本の文化がいかに諸外国に類を見ない優れたものであるか、さまざまな角度から検証し日本人に勇気と誇りを与えた名著であると言えよう。

今回、新書版となって本書が復刊を果たしたことは、より多くの日本人、とくに若い方々に読んでいただける機会を得たという点で、実によろこばしいことである。この国が自信を失い、どこへ行こうとしているのかが見えなくなった今日《こんにち》のような状況の下、再び本書が広く読まれ、日本と日本人を考える縁《よすが》となることを望むのは、私だけではないだろう。

切りとり線

★読者のみなさまにお願い

この本をお読みになって、どんな感想をお持ちでしょうか。祥伝社のホームページから書評をお送りいただけたら、ありがたく存じます。今後の企画の参考にさせていただきます。また、次ページの原稿用紙を切り取り、左記まで郵送していただいても結構です。

お寄せいただいた書評は、ご了解のうえ新聞・雑誌などを通じて紹介させていただくこともあります。採用の場合は、特製図書カードを差しあげます。

なお、ご記入いただいたお名前、ご住所、ご連絡先等は、書評紹介の事前了解、謝礼のお届け以外の目的で利用することはありません。また、それらの情報を6カ月を越えて保管することもありません。

〒101-8701（お手紙は郵便番号だけで届きます）
祥伝社　新書編集部
電話03（3265）2310
祥伝社ブックレビュー　www.shodensha.co.jp/bookreview

★本書の購買動機（媒体名、あるいは○をつけてください）

＿＿＿＿新聞の広告を見て	＿＿＿＿誌の広告を見て	＿＿＿＿の書評を見て	＿＿＿＿のWebを見て	書店で見かけて	知人のすすめで

★100字書評……梅干と日本刀

名前

住所

年齢

職業

樋口清之　ひぐち・きよゆき

1909年、奈良県生まれ。国学院大学史学研究科を卒業。登呂遺跡発掘など草創期の日本考古学の発展に尽力し、わが国の考古学界の第一人者として著名である。かつて松本清張氏は本書について「学術的な基盤に氏独自の発想があって、従来の説の盲点や不備を衝いている。いまだかつて、このような興味深い比較文化史は書かれていない」と評した。1997年、逝去。

梅干《うめぼし》と日本刀《にほんとう》
——日本人《にほんじん》の知恵《ちえ》と独創《どくそう》の歴史《れきし》

樋口清之《ひぐちきよゆき》

2014年 6 月10日　初版第 1 刷発行
2025年 5 月20日　　第10刷発行

発行者………………辻 浩明
発行所………………祥伝社しょうでんしゃ
〒101-8701　東京都千代田区神田神保町3-3
電話　03(3265)2081(販売)
電話　03(3265)2310(編集)
電話　03(3265)3622(製作)
ホームページ　www.shodensha.co.jp

装丁者………………盛川和洋
印刷所………………堀内印刷
製本所………………ナショナル製本

Printed in Japan　ISBN978-4-396-11369-8　C0239